# 동굴 속의 거인국
조광조

역사를 바꾼 인물 · 인물을 키운 역사

# 동굴 속의 거인국
## 조광조

역사 · 인물 편찬 위원회 엮음

역사디딤돌

머
리
말

 반정을 통해 왕위에 오른 중종은 연산군의 악정을 개혁하고 훈구파의 세력을 막기 위해 신진 사림세력을 강화시켰다. 사림파의 근위세력으로 왕권을 강화하고 조정의 힘을 한쪽으로 몰리는 것을 막으려는 계산이었다.

 사림파의 중앙에는 조광조가 있었다. 조광조는 사람들에게 '화태(禍胎)'라고 손가락질을 받을 정도로 성리학에 심취했다. 1498년(연산군 4) 무오사화 이후, 대부분의 학자들은 성리학을 꺼리고 있었지만, 조광조는 혼자서 철두철미한 도학적 실천운동에 주력했다. 항상 의관을 단정히 하고 행동에서도 절제와 절도를 분명히 했으며, 언어생활에도 규범을 두고 어기는 일이 절대 없었다.

1510년, 진사시에 합격하여 진사가 되고, 그해에 성균관에 입학한 조광조는 다른 유생들 사이에서 단연 돋보였다.

중종은 반정으로 왕위에 오른 후, 성리학을 장려하고 개혁정치를 시도하기 위한 적임자로 신진 사림세력의 조광조를 내세웠다.

조광조는 중종에게 성리학을 정치와 민간교화의 근본으로 삼아야 된다고 역설했으며, 철저한 도학사상에 입각한 왕도정치를 실현해야 된다고 주장했다. 그 후, 중종은 조광조를 앞세워 훈구파 세력을 누르며 급진적인 개혁정치를 펼침으로써 조정은 결국 반정공신파와 신진 사림의 대립 양상을 띠게 되었다.

조광조는 중종이 왕이 될 때 공을 세운 사람들의 공적이 너무 많은 것을 지적하고, 반정공신의 대다수가 자신의 이익과 권력만을 위해 거사를 도모했기 때문에 그들을 계속 공신 자리에 놔두고서는 국가를 유지하기가 곤란하다고 주장함으로써 신하들의 공적을 대거 삭제하는 개혁을 단행했다.

조광조의 급진적인 개혁정치는 중종을 위협하기에 충분했다. 중종은 현실적으로 공신세력을 일거에 몰아내게 되면 조정에 엄청난 파장을 몰고 올 것이라고 판단했다.

결국, 중종의 내면을 파악한 훈구파들은 조광조 제거 전략을 짰다. 홍경주, 남곤, 김전, 고형산, 심정 등은 조광조 일파가 붕당을 조성하여 중요한 자리를 독차지하고 임금을 속여 국정을 어지럽히고 있다는 상소를 올렸다. 조광조의 도학정치 주장과 사림세력의 과격한 언행에 염증을 느끼고 있던 중종은 상소를 받아들여 조광조 세력을 축출했다. 그것이 1519년(중종 14)의 기묘사화다.

비록 그 무렵에 조광조 등이 추진한 개혁은 실패한 것이 되었지만, 훗날에는 성공한 개혁으로 보고 있다. 조광조 사후, 성리학이 사회이념으로 깊이 뿌리내렸고, 정치이념으로 확립되었기 때문이다. 조광조가 열정적으로 추진한 도학정치의 영향을 받아 학풍이 변화되고, 풍습과 사상이 차츰 성리학적으로 변하여 일반 서민들까지도 주자가례를 지키기 시작했다. 유학을 바탕으로 이상적인 정치를 이루려고 했던 조광조의 노력은 후대 선비들의 학문과 정치에 중요한 기틀을 마련했던 것이다.

# 동굴 속의 거인국
# 조광조

차

례

단종을 몰아내고 왕위를 차지한 수양대군…12

성종과 폐비 윤씨…23

조광조의 탄생…43

조광조의 스승 김굉필…56

갑자사화와 연산군…72

중종반정과 조선의 앞날…94

조광조가 꿈꾸는 나라…108

훈구파와 사림파의 대립 …132

위훈삭제로 인한 조광조의 몰락…150

# 동물 속의 거인국
## -조광조-

이상적인 왕도정치를 꿈꾸었던 조선 중기의 개혁자

(1482~1519)
자는 효직, 호는 정암, 시호는 문정

조광조는 조선 개국공신 조온의 5대손이며, 1482년 조원강의 아들로 태어났다. 17세 때 아버지를 따라 평안도 어천에 가서 살면서 그곳에 유배되어 있던 김굉필을 만나 스승으로 삼고 학문을 배웠다.

1515년 알성시에 급제한 뒤 전적, 감찰 등을 지내면서 중종에게 '왕은 덕으로 백성을 다스려야 한다.'라는 왕도정치를 주장했다. 또한 농촌의 풍속들을 지키고 발전시키기 위해 송나라 때 여씨가 실시했던 농촌의 자치 규정인 여씨향약을 전국에 걸쳐 실시하도록 했다. 미신 타파를 내세워 도교의 제사에 관한 일을 맡아보는 소격소도 폐지하였다.

각 지방의 여러 관청에서 능력 있는 사람을 추천하여 그들 중에서 임금이 직접 훌륭한 인재를 뽑는 것이 바람직하다고 주장하고 중종이 왕이 될 때 공을 세운 신하들의 공적을 삭제하는 개혁을 단행했다.

그러자 반대파인 홍경주 일당이 '조씨가 왕이 된다.'라는 글을 나뭇잎에 새겨 모함을 했다. 결국 조광조는 벼슬에서 쫓겨나 능주(전라남도 화순)로 유배되었다가 사약을 받았.

유학을 바탕으로 이상적인 정치를 이루려고 했던 조광조의 노력은 후대 선비들의 학문과 정치에 중요한 본보기가 되었다. 문집으로 『정암집』이 있다.

# 단종을 몰아내고 왕위를 차지한 수양대군

 어린 나이에 단종이 즉위하자, 수양대군은 금성대군과 함께 왕을 보좌하는 역할을 맡았다. 하지만 의정부에서는 수양대군의 세력이 점점 강성해지는 것을 염려해, 양평대군을 중심으로 뭉치기 시작했다.
 위기감을 느낀 수양대군은 명나라에 단종의 왕위를 알리는 사은사로 떠나겠다고 자청했다.
 "내가 죽느냐, 사느냐 하는 문제가 달렸다. 내가 나라를 비우면 의정부와 안평대군은 내가 정권에 관심이 별반 없다고 판단하고 경계심을 풀 것이다. 멀찍이 떨어져서 거사를 도모할 필요가 있다."
 수양대군은 신숙주를 데리고 명나라로 떠났고, 그곳에서

신숙주와 치밀하게 거사 계획을 짰다. 그 뒤, 명나라에서 돌아온 1453년 4월부터 수양대군의 거사 계획은 빠른 속도로 진행되었다. 그리고 마침내 1453년 10월 계유정난*을 일으켜 김종서, 황보인 등의 조정대신들을 죽이고 정권을 장악했다. 정권을 장악한 뒤, 1455년 윤6월에 단종 스스로 왕위에서 물러나게 했다.

그 뒤, 단종의 뒤를 이어 수양대군이 조선 제7대 왕위에 올랐다. 그가 곧 세조다. 하지만 세조의 왕위 찬탈을 반대하는 성삼문 등의 단종 복위사건을 계기로, 세조는 단종을 노산군으로 강등시켜 영월에 유폐시켰다.

결국 단종 복위에 앞장섰던 성삼문, 백팽년, 하위지, 이개, 유성원, 유응부 등은 군기감 앞에서 거혈형을 당하거나 참살되었다.

---

계유정난은 수양대군이 왕위를 빼앗기 위해 일으킨 사건이다. 병약한 문종은 자신의 단명을 예견하고 영의정 황보인, 좌의정 남지, 우의정 김종서 등에게 어린 왕세자가 등극하였을 때, 잘 보필할 것을 부탁하였다. 세 사람 중 남지는 병으로 좌의정을 사직하였으므로 그의 후임인 정분이 대신 당부를 받았다. 그러나 수양대군은 1453년 문종의 유탁(遺託)을 받은 삼공(三公) 중 군사력을 쥐고 있던 김종서의 집을 불시에 습격하여 그와 그의 아들을 죽인 뒤에 반대파를 모조리 숙청하고 정권을 장악했다. 이 정변이 계유년에 일어났으므로 이를 계유정난이라 한다.

**종묘 정전**
국보 제227호. 종묘는 조선의 역대 국왕과 그 비(妃)의 신위(神位)를 모신 곳이며, 정전은 종묘의 중심 건물로 영녕전과 구분하여 태묘(太廟)라 부르기도 한다.

 

  단종 복위사건의 정확한 주모자를 파악할 만한 자료는 없다고 한다. 다만 김질이 고발하면서 성삼문에게 들었다고 했고, 성삼문은 고문을 받으면서 박팽년, 이개, 하위지, 유성원 등과 모의했다고 자백했다. 그리고 유응부와 박정도 등도 계획을 알고 있다고 자백했다. 결국 그로 인해 집현전 학사 출신인 성삼문, 박팽년 등이 투옥된 지 7일 만에 군기감 앞에서 처형되었다. 이후 중종 때 성삼문, 박팽년, 이개, 하위지, 유성원, 유응부 등은 사육신으로 기록되었다.

"나를 반대하는 세력은 여기에서 끝나지 않을 것이다. 역사는 나를 조카를 밀어내고 왕위를 찬탈한 왕으로 기억하겠지만, 일은 이미 저질러졌다. 이제부터 중요한 것은 나라의 안정이다. 노산군(단종)이 살아 있는 한 복위사건은 계속될 것이고, 나라는 혼란에 빠질 수밖에 없다."

세조의 예상대로 1457년 9월, 금성대군이 또다시 단종 복위를 꾀하려다 발각되어 사사되기에 이르렀고, 단종도 죽음을 맞이해야 했다.

"이제부터는 왕권강화정책을 착수할 때다!"

세조는 내각제인 의정부서사제를 폐지하고, 육조직계제를 단행하여 전제 왕권제를 확립했다. 또한 단종 복위사건을 빌미삼아 세종이 활성화시킨 집현전을 폐지했다. 그리고 정치문제를 토론하고 대화하는 경연을 없애고 그곳에 있던 서적을 모조리 예문관으로 옮기도록 했다.

"국정을 건의하고 규제하던 기관인 대간의 기능이 턱없이 약화되었구나."

"왕명을 출납하던 승정원의 기능은 그만큼 강화되었지."

"이제 승정원은 육조기관의 사무만이 아니라 나라의 중대 사무를 모두 관장하게 되었어."

"세종이 평생을 바쳐 관리한 집현전을 없앴으니 이제 학자 배출소가 사라지고 말았구나."

사람들은 조선의 미래를 불안하게 지켜보았다.

하지만 세조는 왕권강화책을 통해 나라를 안정시키는 데 성공했다. 또한 역모와 외침을 대비하기 위한 군정정비에도 만전을 기하고, 민정안정책에도 소홀함이 없었다. 양잠 발전을 위해 『잠서』를 훈민정음으로 해석하고, 『오륜록(백성의 윤리 교과서)』을 찬수해 윤리 기강을 바로잡는데 노력하기도 했다. 또 한편으로 명나라, 일본 등의 외교문제도 유화정책을 펼쳐 안정을 꾀했고, 문화사업도 활발히 벌였다.

"비록 왕위 찬탈을 통해 보위에 올랐지만, 왕(세조)은 관제 개편과 관리들의 기강 확립을 통해 중앙집권제를 확립하는 데 성공했구나."

"민생안정책과 유화적인 외교정책을 통해 나라 안팎을 안정시켰으니 얼마나 다행인가."

하지만 세조의 정책은 병폐 또한 심각했다.

"문치가 아닌 강권으로 나라를 운영하고 있으니 어느 신하가 바른말을 한단 말인가."

"인재 등용은 나라의 꽃인데도 불구하고 실력으로 인재를 뽑지 않고 측근 중심으로 뽑고 있으니 큰일이구나."

"왕은 자신을 비판하는 세력은 가차 없이 제거하고 복종하는 자에게는 한없이 관대하니 간신들이 들끓을 수밖에 없지."

"계유정난에서 큰 공을 세우고 변방을 지킨 양정은 나라의 원로대신에게 주던 정일품 명예직인 태위를 건의했다가 불충하다는 죄를 쓰고 참형에 처해지지 않았는가."

"홍윤성은 세력만을 믿고 죄 없는 사람을 죽였는데도 임금의 말을 잘 듣는다는 이유로 아무 벌도 내리지 않았어."

사람들은 세조의 정치 운영에 대해서 여전히 불만이 많았다. 그런데 1466년(세조 11)에 함길도(함경도)에서 이시애*의 난이 일어났다. 이시애는 조정에 혼란을 야기시키려는 목적으로 난을 일으켰다.

"한명회*, 신숙주* 등이 강효문과 함께 반란을 도모하려

- 이시애는 지방의 호족으로 조선 초 북방민 회유정책으로 중용되었다. 그러나 왕권을 확립한 세조가 차차 북방민 등용을 억제하고 지방관을 직접 중앙에서 파견하여 중앙 집권 체제를 강화하자 자신의 지위에 불안을 느끼고 반란을 꾀했다가 효수되었다.

- 한명회는 조선 전기 계유정난 때 수양대군을 도와 왕위에 등극하는데 공을 세웠으며, 사육신의 단종 복위 운동을 좌절시키고, 그들을 살해하는데 가담하였다. 병조판서로 있으면서 북방의 수비를 견고하게 하는데 공을 세웠다. 세조의 총신으로 성종 대까지 고관 요직을 역임하면서 조선 초기의 군국대사에 많이 참여했으며, 부와 영화를 한몸에 누렸다.

- 신숙주는 서장관의 직책으로 일본은 물론 명나라를 수차례나 다녀오는 등 뛰어난 외교술을 발휘했다. 세종 때는 훈민정음 창제를 위한 자료 수집과 언어학을 배우기 위해 명나라 한림학사인 황찬을 만나러 13차례나 다녀왔다. 문종 때는 정사(正使)로 가는 수양대군을 따라 서장관 자격으로 명나라를 다녀오기도 했다. 이후에도 세조의 왕위 등극을 알리기 위한 주문사로 명나라를 다녀왔다. 뿐만 아니라 명나라에서 오는 사신을 접대하는 접반사(接伴使)의 역할도 담당하는 등 국내외의 중요한 문제들을 해결하는데 큰 공을 세웠다. 조선 초기의 정치적 격동기에 벼슬 생활을 하면서 많은 공신에 추대되기도 하였다. 수양대군이 계유정난을 일으켰을 때 정난공신, 세조가 즉위한 후에 좌익공신, 남이(南怡)의 옥사를 처리한 후 익대공신, 성종이 즉위한 후에 좌리공신에 오르는 등 정치적 사건의 핵심에 늘 함께하였다. 1460년(세조 6)에는 동북방면에서 야인(野人)의 침입이 잦아지자 강원도·함길도 도체찰사에 임명되어 전쟁에 출정하였다. 이 전쟁에서 뛰어난 전술을 구사하여 야인의 소굴을 소탕하고 돌아오는 등 병법에도 조예가 깊었다.

**경복궁 십이지신상 석상**
십이지라는 개념은 중국의 은대(殷代)에서 비롯되었으나, 이를 방위(方位)나 시간에 대응시킨 것은 대체로 한대(漢代) 중기의 일로 추정된다. 다시 이것을 쥐·소·범·토끼·용·뱀·말·원숭이·닭·개·돼지 등 열두 동물과 대응시킨 것은 훨씬 후대의 일로, 불교 사상에서 영향을 받은 것으로 보인다.

했기 때문에 그들을 응징하기 위해 일어났다!"

이시애 난이 일어나자 세조는 즉시 군사를 파견했다.

"구성군 준(浚)을 사도병마도통사로 삼고 조석문·허종·강순·어유소·남이 등을 대장으로 삼는다. 즉시 3만의 관군을 출동시켜 놈들을 처치하라!"

관군의 공격을 받은 이시애는 북청에서 두 차례 격전을

벌였으나 대패하였다.

  난은 가까스로 진압되었지만 한명회, 신숙주와 함께 역모를 꾀했다는 이시애의 말은 세조를 크게 당황시켰다.

  "한명회, 신숙주가 반란을 도모하다니! 당장 잡아들이도록 하라!"

  세조는 이시애의 말만 믿고 두 사람을 옥에 가두었다.

  "사건의 진상을 낱낱이 파헤치도록 하라!"

  세조는 자신이 가장 믿고 의지했던 두 신하를 심문하라는 명을 내렸지만 결국 두 사람에게는 혐의가 없는 것으로 밝혀졌다.

  이시애의 난을 평정한 사람은 남이*, 유자광*, 구성군

---

· 남이는 태종의 외손자로, 어머니가 태종의 넷째 딸 정선공주다. 1467년(세조 13)에는 경기도 포천, 영평 일대의 도적 떼를 토벌하고, 이시애가 북관에서 난을 일으키자 우대장(右大將)으로 이를 평정하였다. 그 뒤로도 무관으로서의 여러 공로로 세조의 총애를 받게 되었고, 1468년에는 28세의 나이로 병조판서에 올랐다.
예종이 즉위한 해인 1468년에 신숙주·한명회 등의 세력이 이시애 난 때 등장한 신진세력을 제거하면서 남이도 겸사복장(兼司僕將)으로 강등당했다. 그 후 유자광이 남이가 역모를 꾀한다고 예종에게 고하여 정승 강순과 함께 거열형에 처해졌다.

· 유자광은 조선 세조·연산군 때의 문신이다. 연산군을 충동질하여 무오사화를 일으킴으로써 수많은 충신이 죽거나 축출·유배되었다. 중종반정이 일어나자 의거에 참여하여 정국공신 1등에 무령부원군으로 봉해졌다. 다음 해 대간·홍문관 등이 탄핵을 하여 훈작이 취소되었다.

(세종의 넷째 아들 임영대군의 아들) 등이었다.

세조는 이시애 난을 평정한 사람 중에서 특히 남이의 공을 높이 샀다.

"남이를 적개공신 1등에 책록한다."

남이에 대한 세조의 총애는 끝이 없었다. 남이가 건주 야인을 토벌하자, 공조판서에 임명하고, 이듬해에는 병조판서와 오위도총부도총관을 겸하게 했다.

남이에 대한 세조의 특별한 사랑은 유자광에게 큰 불만을 안겨 주었다.

"나 또한 이시애의 난을 평정한 공이 큰데, 어찌하여 남이만 승승장구한단 말인가."

유자광은 남이를 몹시 시기했고, 남이를 없앨 기회를 노렸다.

그런데 단종의 어머니인 현덕왕후의 혼백에 시달렸던 세자 의경이 숨을 거두고 말았다.

"현덕왕후의 무덤을 파헤쳐라!"

세조는 서슴지 않고 패륜을 저질렀다.

"죽은 사람의 무덤을 파헤치다니!"

"한 나라의 왕이 어찌 그런 파렴치한 짓을 한단 말인가?"

세조의 그런 행동은 유교적 입장에서는 결코 받아들일 수 없는 일이었고, 유교이념에 투철한 성리학자들의 표적이 될 수밖에 없었다.

세조의 아들들은 몸이 약해서 오래 살지 못했다.

사람들은 어린 조카를 죽이고 왕위를 찬탈한 세조가 죗값을 받은 것이라고 여겼다고 한다. 맏아들 의경은 세조가 즉위한 뒤 18세의 나이로 세자에 책봉되었지만, 2년 뒤에 낮잠을 자다 가위눌림으로 죽고 말았다.

## 성종과 폐비 윤씨

 세조의 뒤를 이어 조선 제8대 왕위에 오른 왕은 예종이었다. 하지만 예종은 아직 성년이 아닌 데다 건강도 좋지 않아서 실질적으로 왕권을 행사할 수가 없었다. 모후인 정희왕후가 수렴청정을 했지만, 세조 시절과 달리 왕권은 날이 갈수록 미약해졌다.

 그런데 예종은 세조가 총애했던 남이를 별로 좋아하지 않았다.

 "남이는 무예가 뛰어나고 성격이 강직할 뿐 아니라 부왕의 사랑을 독차지했다. 그러나 나는 남이에 비하면 유약할 뿐만 아니라 정사 처리에도 능하지 않았으며 부왕의 신뢰도 두텁지 못했다."

**뒤주**
쌀·보리·콩 등 곡식을 담아 두는 세간이다. 재료는 회화나무가 가장 좋으며, 두꺼운 통판으로 듬직하게 궤짝처럼 짜고 네 기둥에는 짧은 발이 달려 있다. 뚜껑은 위로 제쳐서 열 수 있고 무쇠 장식과 놋 장식 등이 있다.

 예종에게 남이는 당숙뻘이었지만 모든 면에서 뛰어난 남이를 못마땅해 했던 것이다.
 "남이를 병조판서 직에서 해임시키셔야 합니다!"
 예종의 의중을 파악한 훈구대신들이 남이 해임을 요구하고 나섰다. 결국 남이는 훈구대신들의 압력에 밀려 겸사복장 직으로 물러앉아야 했다.

그런데 그 무렵에 하늘에서 혜성이 나타났다.

"혜성이 나타남은 묵은 것을 몰아내고 새로운 것을 받아들일 징조다."

남이가 혜성을 보고 그렇게 말했는데 병조참지로 있던 유자광이 그 말을 들었다.

유자광은 예종을 찾아가 그 말을 전하며 남이를 역신으로 몰아세웠다.

"남이가 역모를 꾀하려는 것이 분명합니다."

유자광은 남이가 병조에서 물러나자 그 기회를 놓치지 않고 완전히 제거해 버릴 계획이었다.

"역모자 남이를 즉시 의금부로 끌고 가 문초하도록 하라!"

평상시에 남이를 눈엣가시로 여겼던 예종은 즉시 남이를 비롯한 주변 인물까지 모두 체포하게 했다. 끌려간 사람들은 몹시 심하게 문초를 당해야 했고, 문초를 견디다 못한 겸사복장 문효량이 역모를 시인하고 말았다.

"언젠가 남이의 침소를 방문한 적이 있는데 그때 남이는 하늘의 변화를 보고서 간신들이 모반할 징조가 엿보인다고 했습니다. 그러니 자신과 함께 간신들을 몰아내고 나라에 은혜를 갚자고 제의했습니다."

"그 거사에 또 누가 포함되었다고 했느냐?"

"영의정 강순도 뜻을 함께하고 있다고 했습니다. 왕이 산릉에 갈 때 도중에 두목 격인 한명회 등을 제거한 다음 영순군과 구성군을 몰아내고 자신이 왕이 되겠다고 했습니다."

문효량의 허위 진술로 남이, 강순은 즉시 체포되었다. 결국 그 사건에 관련된 남이, 강순, 조경치, 변영수, 변자의, 문효량, 고복로, 오치권, 박자하 등은 모두 처형되었다. 측근 30명도 함께 죽었고, 가솔은 종으로 전락하거나 변방으로 끌려가 종군해야 했다.

"놈들과 친분 관계가 있던 자들은 공신 녹권을 몰수하고 종으로 전락시켜라!"

하지만 예종은 불과 14개월 동안 왕위를 지키다가 세상을 뜨고 말았다.

그런데 예종에게는 두 아들이 있었다. 큰아들 원산군은 열여섯 살이었고, 둘째 아들 제안군은 네 살이었다. 원산군은 예종의 뒤를 이어 얼마든지 왕위에 오를 수 있는 나이였지만, 정희왕후*는 예종이 숨을 거둔 그날, 왕위에 오르지 못한 채 스무 살에 숨을 거둔 의경세자의 둘째 아들 자을산군을 왕위에 앉혔다.

자을산군은 한명회의 사위였다.

"원산군이건, 자을산군이건 모두 성년이 되지 못했다. 수렴청정을 해야 하는데, 여자인 내 몸으로 나라를 움직이기란 쉬운 일이 아니다. 나를 도와줄 든든한 세력이 있어야 왕권을 유지할 수 있으니 한명회, 신숙주와 결탁할 수밖에 없겠구나."

---

정희왕후는 조선 세조의 비다. 1468년 예종이 19세로 즉위하자 수렴청정을 하게 되었는데, 이는 조선 시대에 처음 있는 일이며, 성종 즉위 후에도 계속 7년 동안 섭정했다.

당시 한명회는 최고의 실력가였다. 또한 신숙주도 한명회 못지않은 세력을 지니고 있었다.

"두 사람이 동조하면 나는 수렴청정으로 왕권을 대신하게 되고, 왕권도 안정시킬 수 있다."

정희왕후는 병약한 예종을 크게 우려했다고 한다. 그래서 왕위 찬탈이 두려워 당대의 실세인 한명회, 신숙주와 손을 잡았을 것이다.

정희왕후의 결단으로 자을산군이 예종의 뒤를 이어 조선 제9대 왕위에 올랐는데, 그가 곧 성종이다. 성종을 왕위에 앉히는 데 성공한 정희왕후는 한명회, 신숙주 등의 권신들을 이용해 왕권 안정을 구축할 수 있게 되었고, 한명회, 신숙주 등도 세조 대부터 누려오던 권세를 그대로 유지할 수 있게 되었다.

성종이 태어난 지 두 달 후에 의경세자가 숨을 거두었다. 그 뒤 성종은 세조의 보살핌을 받으며 궁중에서 자랐다. 성종은 어려서부터 천품이 뛰어나고 도량이 넓었으며 사예(射藝)와 서화에도 실력이 뛰어나 세조의 총애를 받았다.

세조는 특히 성종의 두둑한 배짱을 좋아했는데, 하루는 뇌우가 쏟아지면서 벼락이 떨어져 곁에 있던 환관이 그 자리에서 죽었다. 모두들 놀라 혼비백산하는데도 성종만은 얼굴 안색이 변하지 않았다.

그 모습을 보고 세조는 성종이 태조를 닮았다고 하며 기상과 학식이 뛰어날 것이라고 예견했다고 한다.

성종이 즉위하자 가장 위협적인 존재로 떠오른 것이 구성군*이었다.

> 구성군의 아버지는 세종의 4남 임영대군 구다. 1463년에 구성군으로 봉해졌으며 어릴 때부터 문무를 겸전했기 때문에 세조의 총애를 받았다. 1467년 5월 이시애가 난을 일으키자 함경·강원·평안·황해의 사도병마도총사에 임명되어 난을 진압했다. 그 공로로 적개공신 1등에 훈봉되고, 오위도총부도총관에 임명되었다가 이듬해 영의정으로 특서되어 일품종실(一品宗室)이 되었다. 1469년(예종 1) 5월 남이의 옥사를 다스린 공으로 익대공신(翊戴功臣) 2등에 훈봉되었다. 1470년(성종 1) 정월, 나이 어린 성종을 몰아내고 왕이 되려 한다는 정인지 등의 탄핵을 받아 삭탈관직을 당하고 경상도 영해로 귀양 갔다. 귀양 간 지 10년 만에 배소에서 죽었다.

**현화사 7층석탑(개성시 부산동)**
고려 시대의 석탑이다. 북한의 국보 문화유물 제139호. 1020년(고려 현종 11)에 화강암으로 조성된 석탑으로, 원래 장풍군 월고리 영추산 남쪽 기슭 현화사 터에 있던 것을 고려박물관으로 옮겼다.

세조는 구성군을 몹시 총애했고, 이시애의 난을 평정한 뒤에 오위도총부총관에 임명했다. 그리고 이듬해 영의정으로 특서했다. 그만큼 재질이 뛰어나며 인망이 두터웠을 뿐만 아니라 왕권을 위협하기에 충분한 인물로 간주되었던 것이다.

"구성군을 탄핵하지 않으면 왕실의 안녕이 무너지고 말 것입니다."

"구성군은 반드시 왕권을 위협할 것이니 이 기회에 유배시켜야 합니다."

성종 초의 왕권은 몹시 불안정했다. 세조의 왕위 찬탈을 직접 목격했던 원로대신들은 구성군을 우려할 수밖에 없었다.

대신, 대간들은 구성군을 집요하게 탄핵했고, 1470년에 구성군은 유배를 떠나야 했다.

"구성군 사건을 계기로 이후 종친의 관료 등용을 법으로 금지시킨다!"

구성군 사건으로 인해 왕의 종친 중용정책이 종말을 고해야 했고, 동시에 신권이 정치를 주도하게 된 계기가 되었다.

성종은 조모인 정희왕후의 섭정을 받다가, 스무 살이 되던 1476년에 편전을 장악할 수 있게 되었다.

성종이 수렴청정을 끝낸 1476년 그 당시에는 세조의 오른팔이었던 신숙주는 이미 세상을 떴고, 한명회도 나이가 많아 일선에서 물러나 있었다.

대신 유자광 등 '남이의 옥'으로 세력을 잡은 공신들과 인수대비의 친동생인 한치인*을 중심으로 한 척신세력이 조정의 중역으로 부상해 있었다.

성종은 수렴청정에서 벗어나는 즉시 사림의 거두인 김종직*을 불러들였다.

· 한치인은 좌의정을 지낸 한확의 아들로 덕종의 비인 소혜왕후 한씨의 오빠다. 또한 고모가 명나라 선종의 후궁이었다. 고모가 명나라 선종의 후궁이었으므로 1472년 정조사, 1474년 성절사로 각각 명나라에 다녀왔다.

· 김종직은 조선 전기의 성리학자·문신으로 영남학파의 종조다. 그가 생전에 지은 조의제문은 그가 죽은 후인 1498년(연산군 4)에 무오사화가 일어나는 원인이 되었다. 그는 부관참시(죽은 뒤 큰 죄가 드러난 사람에게 극형을 다시 내리는 일)를 당하였으며, 많은 제자가 죽음을 당하였다.

김종직은 길재*의 학풍을 잇는 영남 성리학파의 거두로, 학식과 문장이 뛰어났다. 또한 그의 문하들이 학풍을 드날리고 있었다.

성종이 김종직을 불러들인 데는 분명한 이유가 있었다.

"김종직 문하에는 김일손, 김굉필, 정여창, 유호인, 이명전, 남효온, 조위, 이종순 등 내로라하는 문장가들이 집결해 있다. 김종직을 중용하는 것은 사림의 뛰어난 문하들을 모두 중용하는 것과 같은 효과를 누릴 수 있다."

성종의 사림파 중용책으로 인해 1480년 중반에 이르러 사림파와 훈구파의 세력 균형이 가능해졌다.

사림파는 주자학의 전통적 계승자임을 자부하고 또한 요순정치를 이상으로 삼는 도학적 실천을 표방했다.

"훈구파는 불의와 타협하여 권세를 잡은 소인배들이니 당연히 멸시하고 배척해야 할 대상이다!"

---

길재는 고려 말, 조선 초의 성리학자다. 1387년 성균학정(成均學正)이 되었다가, 1388년에 순유박사를 거쳐 성균박사를 지냈다. 조선이 건국된 뒤 1400년(정종 2)에 이방원이 태상박사에 임명하였으나 두 임금을 섬기지 않겠다는 뜻으로 거절하였다.

"훈구파는 자신들의 권력을 남용하면서 부패로 치닫고 있으니 마땅히 제거해야 될 나라의 악이다."

사림파는 유자광, 이극돈 등의 훈구 척신세력을 몹시 비판했다. 그러나 사림의 공격을 받은 훈구세력의 반발도 만만치 않았다.

"사림들은 홀로 잘난 체하는 야심배들에 불과하니 지탄해야 하며 배격시켜야 마땅하다!"

"사림은 이상만 높을 뿐이고 현실적이지 못해 나라를 더 혼란에 빠뜨리고 있다!"

그러나 성종은 사림세력의 후원을 멈추지 않았다.

"고려 말의 대표적 학자인 정몽주와 길재의 후손들에게 녹을 내리도록 하고, 그들의 학맥을 잇는 사림세력을 대대적으로 등용하여 훈구세력을 철저히 견제하겠다."

사림세력의 팽창은 훈구세력을 위기감에 빠지게 했다.

1478년(성종 9), 생원으로 있던 남효온과 임사홍 등이 소릉(단종의 모후인 현덕왕후의 능)의 복위를 건의했다.

"소릉은 단종의 폐위와 함께 능으로서의 자격을 박탈해 폐릉이 된 지 오래입니다. 그러나 인간의 도덕적 감정을 비추어 볼 때 소릉의 복위는 누구나 이해할 수 있을 뿐만 아니라, 명분도 뚜렷합니다."

하지만 남효온 등의 소릉 복위 주장은 세조의 왕위 찬탈에 참여한 공신들의 존재를 의도적으로 부정하기 위함이었다.

그 일로 조정은 한바탕 소용돌이가 일었고, 위기에 몰린 도승지 임사홍 등은 소릉 복위를 주장하는 무리들을 제거해야 한다고 강력하게 주장했다.

성종은 아랑곳하지 않고 훈구세력 견제정치를 펼쳐 나갔다. 그렇게 해서 신진 사림세력은 왕을 호위하는 근왕세력으로 빠르게 성장하는 한편, 세조 무렵의 공신이었던 훈구세력은 정치 일선에서 후퇴하기 시작했다.

성종은 변방을 안정시키기 위한 노력도 아끼지 않았다. 1479년에는 좌의정 윤필상을 도원수로 삼아 압록강을 건너 건주 야인들의 본거지를 정벌하게 하는 등 조선 초부터 조선 변방을 위협하던 야인세력을 소탕했다.

그렇듯 성종은 태조가 건국한 조선의 전반적 체제를 완성시키는 데 성공했으며 나라는 개국 이래 가장 태평성대한 세월을 맞이했다.

조선의 태평성대는 한동안 계속되었지만, 성종은 후기에 들어서면서부터는 유흥에 빠져들어 규방 출입이 잦았다.

성종은 도학을 숭상하고 스스로 군자임을 자처했지만, 한편으로는 호기가 넘치는 성품이었다.

그러다 보니 부인이 열두 명이나 되었고, 삼십 명이 넘는 자식을 얻었다.

"왕의 호기가 평지풍파를 일으킬 수도 있는데, 큰일이로구나."

"왕의 정치력에 힘입어 나라와 조정이 안정되어가고 있지만 왕의 잦은 규방 출입으로 퇴폐풍조가 서서히 고개를 들고 있질 않은가."

사람들은 성종의 행동을 우려했다.

특히 성종은 왕비 윤씨와 잦은 충돌을 빚었다. 윤씨는 성종의 후궁으로 간택되었지만, 공혜왕후 한씨가 세상을 뜨자, 왕비로 책봉되었다.

그리고 왕비 자리에 오른 그해에 아들 융(훗날 연산군)을 낳았는데, 투기가 심해 성종을 난처하게 만드는 일이 잦았다.

**경복궁 아미산 굴뚝(서울특별시 종로구 세종로)**
경복궁 안의 침전인 교태전 구들에 연결되었던 굴뚝이다. 조선 시대의 구조물로서, 화강석 기단 위에 벽돌을 6각형으로 30~31단씩 쌓았으며, 상부는 창방·소로(접시받침)·굴도리·모양의 부재로 축조하였다.

1477년에는 극약인 비상을 구해 후궁들을 독살한 계획을 세웠다가 발각되어 빈으로 강등될 위기에 빠지기도 했다.

그러다 성종이 규방 출입을 자주 하며 자신을 멀리한다

고 여겨 성종의 얼굴에 손톱자국을 내는 사태까지 빚었다. 결국 그 일로 성종과 모후 인수대비(소혜왕후*)를 크게 격분시키고 말았다.

"국모의 체통으로 있을 수 없는 일을 저질렀구나!"

"당장 왕비 자리에서 내쫓도록 해라!"

성종과 인수대비는 폐비를 명했다. 하지만 많은 대신들이 반대하고 나섰다.

"아직 연산군이 세자로 책봉되지 않았지만, 장자 상속 원칙에 따르면 연산군이 왕위에 오르는 것은 당연한 일인데, 왕비를 폐할 경우 그 보복을 어찌 다 당한단 말인가."

"누가 감히 목숨을 내걸고 왕비를 폐하자고 건의하겠는

---

소혜왕후는 명나라를 배경으로 막강한 세도가였던 한확의 딸이다. 남편은 세조의 첫째 아들 덕종이다. 세조가 왕위에 오르자 1455년(세조 1)에 남편이 세자로 책봉되고 한씨는 수빈으로 책봉되었다. 하지만 1457년(세조 3) 남편이 갑자기 사망하자 시동생인 예종이 즉위했다. 예종 또한 즉위 1년 2개월 만에 죽자 자신의 아들 성종이 즉위하여 실권을 장악하였다. 1471년(성종 2)에 세자로 죽은 남편 덕종은 왕으로 추존되고 자신은 인수왕비에 진책되었다. 불경에 조예가 깊었으며 부녀자의 예의범절을 가르치기 위하여 편찬한 『여훈(女訓)』을 남겼는데 그 내용은 아내는 남편을 하늘로 떠받들어 공경해야 한다는 내용이다. 이것은 이후 조선 시대의 남존여비 사상을 형성하는데 영향을 주었다. 아들 성종이 여색을 심하게 탐해 왕비 윤씨와 갈등을 빚자 윤씨를 폐비시켜 사사시켰다. 성종이 죽고 즉위한 손자 연산군이 생모 윤비(尹妃)가 모함당하여 폐위·사사된 사실을 알고 보복하자, 병상에 있던 대비 소혜왕후가 연산군을 꾸짖었다. 화가 난 연산군은 머리로 대비를 받아 절명하게 했다.

가."

 대신들은 왕비를 폐할 엄두도 내지 못했다. 하지만 인수대비는 폐비론을 굽히지 않았다.

 그러자 한명회 등 훈구세력과 김종직 등의 사림세력이 폐비론에 힘을 실어 주었고, 결국 성종은 일부 중신들의 반대를 무릅쓰고 윤씨를 폐비시키고 말았다.

 그런데 1482년, 왕자 연산군을 세자로 책봉하는 문제를 논의할 때 폐비 윤씨에 대해서도 같이 거론되었다.

 "폐비 윤씨가 왕위를 이을 세자의 어머니라면 당연히 사가에 방치해서는 안 될 것입니다."

 "세자의 친모를 일반 백성처럼 살게 해서는 안 될 것입니다."

 "윤씨에게 따로 거처할 곳을 마련해 주고 생활비 일체를 관부에서 지급해야 마땅합니다."

 대신들은 앞 다투어 윤씨 동정론을 펼쳤다.

 윤씨 동정론은 윤씨를 폐위시키는 데 앞장섰던 인수대비

와 계비 정현왕후* 측을 크게 반발시켰다.

"거처를 따로 마련하다니요? 그럴 수는 없는 일입니다."

"궁중의 법도를 함부로 무너뜨릴 작정입니까?"

인수대비와 정현왕후의 완강한 반대에 부딪힌 성종은 내시와 궁녀를 시켜 윤씨의 동정을 살펴오라 지시했다.

그런데 그 사실을 알고 인수대비가 먼저 손을 썼다.

"폐비 윤씨는 전혀 반성의 빛이 없었습니다."

인수대비가 조종한 대로 내시와 궁녀는 허위 보고를 했고, 성종은 불같이 화를 냈다.

"다음 보위를 이을 세자의 어머니라서 죄를 묻어 두려 했는데, 그와 같이 안하무인격으로 행동한다면 세자를 위해서라도 살려 둘 수가 없다!"

결국 성종은 윤씨에게 사약을 내렸고, 그녀는 성종이 내린 사약을 받고 숨을 거두었다.

---

정현왕후는 성종의 계비다. 연산군의 생모인 왕비 윤씨가 폐출되자 다음 해 11월에 왕비로 책봉되었다. 후일 중종으로 등극한 진성대군과 신숙공주를 낳았다.

**처마에 걸려 있는 망태기**
새끼 등으로 꼬아 만든 주머니로 물건을 담아 가지고 다니는 데 쓰는 기구다. 망탁·망태라고도 한다. 지역에 따라 구럭, 또는 깔망태라고도 한다. 가는 새끼나 노를 엮어 너비가 좁고 울이 깊도록 짠 네모꼴의 주머니다. 어깨에 멜 수 있도록 양 끝에 길게 고리를 달아 썼다.

그해가 1482년(성종 13)이었다.

사사당한 윤씨의 묘에는 묘비도 세우지 않았다. 하지만 성종은 세자의 앞날을 염려해 '윤씨지묘'라는 묘비명을 내렸다. 성종은 자신이 죽은 뒤 백 년까지는 폐비 문제에 관해 논의하지 말 것을 유언으로 남겼다. 하지만 왕위에 오른 연산군은 그 유언을 어기고 제헌왕후에 추숭하고 묘도 회릉으로 개칭했다. 그러다 1506년 중종반정으로 연산군이 폐위되자, 윤씨의 관작도 추탈된 뒤에 다시 신원되지 못했다. 폐비 윤씨의 참극은 결국 조선 조정에 엄청난 살생극을 불러일으킨 원인이 되었다.

# 조광조의 탄생

 조광조가 태어난 것은 폐비 윤씨가 사사된 그해 8월 10일이었다. 조광조는 개국공신 조온의 5대손으로 아버지는 사헌부감찰을 지내던 조원강이었다.

 조광조의 고조부인 조온은 태조가 나라를 세울 때 공훈을 많이 세운 개국공신이었다. 보국숭록대부, 의정부좌찬성과 한천부원군을 지냈으며 세상을 뜬 뒤, 나라에서는 그의 업적을 칭송하여 양절공이라는 시호를 내렸다.
 또한 조광조의 증조부인 조육은 기름, 꿀, 밀, 후추 같은 귀한 물품을 관리하는 관청인 의영고의 관리를 지냈으며, 조부인 조충손은 유교를 연구하고 가르치며, 공자를 제사하는 문묘를 관리하는 성균관의 사예를 지냈다.

아버지인 조원강은 정치에 관하여 의논하고 관리들의 비리를 조사하여 그 책임을 따지며, 풍기와 풍속을 바로잡고 백성의 억울함을 풀어 주는 일을 하는 관청인 사헌의 감찰을 지내고 있었다.

또한 조광조의 어머니는 여흥 민씨로, 친정아버지는 종6품 벼슬인 현감을 지낸 민의였다.

조광조의 집안은 관리를 지낸 가문이었지만 모두 성품이 고결하고 탐욕이 없었다고 한다.

조광조의 어린 시절에 대해서는 잘 알려진 바가 없다.

조원강의 둘째 아들로 태어난 조광조는 다섯 살부터 예절에 관해 배우기를 즐겨했다고 한다.

어려서부터 영특하여 세인의 주목을 받았으며 행실이 바르고 아이답지 않게 근엄하며 남의 실수를 용서하지 않는 엄격성을 보였던 듯하다.

조광조는 열여섯 살이 되던 해까지 일정한 스승 없이 유교의

경전을 공부했던 것으로 짐작된다. 그 당시에 양반가에서는 집안의 학식 있는 어른이 문중의 아이들을 직접 가르치는 경우가 많았고, 조광조의 경우는 부친보다는 숙부의 가르침을 받았던 것 같다. 조광조는 책 읽기를 좋아했지만 글을 짓는 문학적인 부문에는 크게 뜻을 두지 않았던 것으로 보인다. 후일 어른이 되어서도 문장을 짓는 일에 크게 관심을 두지 않았기 때문이다. 다만 자신을 도덕적으로 완성하는 일에 우선적으로 노력을 기울였고, 세상을 바로잡을 수 있는 방법에 대해 많이 생각했을 것으로 짐작된다.

"『대학』에서 수신(修身), 제가(齊家), 치국(治國)이라 했다. 자기 몸을 닦고 집안을 가지런히 한 뒤에 나라를 다스린다고 했으니, 나를 먼저 닦은 이후에 나라를 다스려야 한다."

조광조는 일찍부터 그런 생각을 했고, 그런 탓에 과거 공부는 의도적으로 몰두하지도 않았다. 다만 세상을 위해 큰

일을 하겠다는 포부는 항상 가슴에 품고 있었다.

조광조가 열일곱 살이 되던 1498년(연산군 4), 큰 회오리바람이 정국을 휩쓸었다. 폐비 윤씨 문제로 무오사화가 일어난 것이다. 융(연산군)은 자신의 친모가 폐출당해 사사당한 사실을 까맣게 모른 채 어린 시절을 보냈다. 윤씨가 폐출당할 무렵에 융은 고작 네 살이었고, 성종은 윤씨에 대한 일은 일체 입에 올리지 말라는 명을 내렸기 때문이었다. 결국 융은 새로이 왕비로 책봉된 정현왕후 윤씨를 친어머니로 알고 자랐다.

그런데 정현왕후는 융을 살갑게 대하지 않았다. 또한 인수대비도 마찬가지였다.

"융은 폐비의 자식인데 어찌 곱게 봐준단 말인가."

융은 마음의 상처 때문인지 매사가 의욕적이지 못했다. 학문을 싫어할 뿐만 아니라, 양순하지도 않았다.

"융은 내면을 쉽게 드러내지 않는데다 음험하다. 또한 괴팍하고 변덕스러운 성품인데, 세자로 책봉해야 되는가."

성종도 융의 세자 책봉을 망설였다. 하지만 그 무렵에 정현왕후 소생인 진성대군이 태어나기도 전이었고, 선택의 여지가 없던 성종은 융을 세자로 책봉했다.

하루는 성종이 세자를 불러놓고 임금의 도리에 대해 설명하고 있었다. 그런데 느닷없이 사슴 한 마리가 달려들어 세자의 옷과 손등을 핥았다. 그 사슴은 성종이 아끼던 동물이었다.

"꺼져!"

사슴이 자신의 옷을 더럽히자, 세자는 그 자리에서 사슴을 걷어차 버렸다.

"내가 아끼는 동물이거늘, 감히 임금인 내가 보는 앞에서 걷어찬단 말이냐!"

성종은 불같이 화를 내며 세자를 야단쳤다. 결국 세자는 성종의 뒤를 이어 1494년 12월에 왕위에 오른 뒤 제일 먼저 그 사슴부터 죽여 없앴다.

세자는 포악하기만 한 것이 아니었다. 장난기도 심했다.

### 논산 원목다리(충청남도 논산시 채운면)

원항교라고도 한다. 양끝을 처지게 하고, 무지개처럼 가운데를 둥글고 높게 만든 조선 시대의 홍예석교(虹霓石橋)다. 이 다리는 전라도와 충청도의 경계 역할을 했다고 한다. 고종 광무 4년(1900) 홍수로 파괴된 다리를 승려와 민간인이 공사비를 모아 다시 가설했는데, 당시 4,130량의 비용이 들었다는 내용이 가교석비(架橋石碑)에 새겨져 있다.

그래서 툭 하면 수업 시간을 빼먹고는 했다.

그 무렵에 세자의 학문을 도맡은 스승은 허침과 조지서였다. 그런데 깐깐한 성격인 조지서는 세자의 잘못을 그냥 넘어가지 않았다.

"자꾸 이러시면 주상전하께 알리겠습니다."

하지만 허침은 부드럽게 타이르고는 했다.

"오늘은 무엇 때문에 기분이 언짢으십니까? 가슴을 활짝 열고 심호흡을 크게 한 번 해보십시오. 그러면 기분이 한결 좋아질 것입니다."

어느 날, 세자는 벽에다 큰 글씨 하나를 써 붙였다.


'조지서는 큰 소인이오, 허침은 큰 성인이다.'


허침은 예조판서, 이조판서, 우의정을 두루 거친 허종의 동생이었다. 성종이 세자의 어머니인 윤씨를 서인으로 내쫓으려 하자, 허종과 허침은 앞장서서 반대를 했다고 한다.

"아들이 세자인데 세자의 어머니에게 죄를 주면 훗날 어찌 무사하겠습니까?"

그래도 윤씨가 폐출되자 허종은 병을 핑계 삼아 관직을 버렸고, 허침은 홀로 이의를 제기하다 좌천되기도 했다. 두 사람에게는 백 살이 넘은 누이가 있었는데, 학문과 행실이 뛰어나 항상 두 형제의 스승이 되어 주었다. 누이는 백 살까지 살아서 사람들은 '백세 할머니'로 불렀다. 두 형제는 누이를 지극히 봉양하면서 조정에 큰일이 있을 때마다 찾아가서 의견을 물었다고 한다.

훗날, 왕위에 오른 연산군은 허침을 좌의정으로 임명했다. 폭군이었던 연산군도 허침만은 함부로 대하지 못했고, 허침은 연산군의 비위에 거슬려 죽을 위기에 몰린 선비를 많이 구했다고 한다.

세자는 왕위에 오른 뒤, 사슴을 죽여 없앤 것처럼 조지서도 망설이지 않고 죽여 버렸다. 그리고 그런 난폭한 성격은 1498년(연산 4), 무오사화 때 적나라하게 표출되었다.

1494년 왕위를 이어받은 연산군은 4년 동안은 성종이 이룩한 태평성대를 그대로 유지했다. 오히려 성종 말기에 나타나기 시작한 퇴폐풍조와 부패상을 일소하기도 했다. 암행어사를 파견하여 민간의 동정을 살피고, 관료의 기강을 바로잡기도 했다. 인재 확충을 위해 별시문과를 실시하고, 여진족의 침입을 막기 위해 귀화한 여진인들을 앞세워 회유정책을 펼쳐 변방을 안정시켰다. 하지만 연산군은 사림파 관료들과 숱한 신경전을 벌여야 했다.

"저들은 명분과 도의를 중시한다는 명분을 앞세워 사사건건 간언하고, 학문을 강요하질 않는가. 나는 원래 학문에 뜻이 없고 학자와 문인을 좋아하지 않는데, 저 사림들이 참으로 귀찮구나."

연산군이 사림세력을 미워한다는 사실을 파악한 것은 유자광, 이극돈 등 훈척세력이었다.

"사림세력은 왕에게 눈엣가시다. 이 기회에 사림세력을

**안동 하회마을 전경(경상북도 안동시 풍천면)**
민속적 전통과 건축물을 잘 보존한 풍산 유씨(柳氏)의 씨족마을이다. 2010년 7월 유네스코 세계문화유산으로 등재되었다.

제거해야 된다."

유자광, 이극돈은 기회를 엿보았다.

그러다 무오년에 〈성종실록〉을 편찬하는 과정에서 일이 터지고 말았다. 이극돈이 실록 작업의 당상관으로 임명되었는데, 그는 김일손이 작성한 사초(사관이 기록하여 둔 사기의 초고. 실록의 원고가 됨) 점검 과정에서 김종직이 쓴 〈조의제문〉과 이극돈 자신을 비판하는 상소문을 발견했다. 〈조의제문〉은 진나라 항우가 초의 의제를 폐한 일을 기록한 것인데, 김종직은 의제를 조의하는 제문 형식을 빌려 의제를 폐위한 항우의 처사를 비판했던 것이다.

"세조의 단종 폐위를 비난하고 있는 내용이로구나."

이극돈이 전라감사로 있던 무렵, 김종직은 정희왕후의 상중에 이극돈이 근신하지 않고 기생과 어울렸다고 상소문을 올렸는데, 그 일로 이극돈은 김종직을 원수 대하듯 하고 있었다. 그런데 그 상소문이 〈조의제문〉과 함께 사초에 실려 있는 것을 발견했던 것이다. 또다시 김종직에게 앙심을 품은 이극돈은 유자광과 손을 잡고 상소를 올렸다.

"〈조의제문〉이 세조를 비방한 글이므로 김종직은 대역부도한 행위를 했으며, 이를 사초에 실은 김일손 역시 큰 벌을 내려야 마땅합니다."

연산군은 그 상소를 절호의 기회로 삼았다.

"죽은 김종직의 무덤을 파서 부관참시(다시 한 번 죽이는 일)시켜라!"

"김일손, 권오복, 권경유, 이목, 허반 등은 간악한 파당을 이루어 세조를 능멸하였으니 능지처참하도록 하라!"

"강겸은 곤장 백 대를 치고 가산을 몰수하고 변경의 관노로 삼도록 하라!"

"표연말, 홍한, 정여창, 강경서, 이수공, 정희량, 정승조 등은 불고지죄로 곤장 1백 대를 때리고, 3천 리 밖으로 귀양 보내고, 이종준, 최보, 이원, 이주, 김굉필, 박한주, 임희재, 강백진, 이계명, 강혼 등은 모두 김종직의 문도로서 붕당을 이루어 국정을 비방하고 〈조의제문〉 삽입을 방조한 죄목으로 곤장을 때려 귀양을 보내고 관청의 봉수대를 짓게 하라."

"어세겸, 이극돈, 유순, 윤효순, 김전 등은 수사관(실록 자료인 사초를 관장하는 관리)으로서 문제의 사초를 읽고 보고하지 않은 죄로 파면하고, 홍귀달, 조익정, 허침, 안친 등도 같은 죄로 좌천시킨다!"

연산군은 대부분의 신진 사림을 죽이거나 유배하고, 이극돈까지 파면시켜 버렸다. 그것이 바로 무오사화였다.

# 조광조의 스승 김굉필

무오사화가 터진 그해 조광조는 아버지 조원강이 어천 찰방으로 부임하자 함께 그곳으로 옮겨 갔다.

부친을 따라 어천으로 갔던 조광조는 이미 연산군의 학정이 빚어낸 폐해를 절감하고 있었고, 언젠가는 연산군 시대의 풍조를 요순의 정치로 되돌려야만 한다는 생각을 가슴에 품기 시작했다.

"세조의 왕위 찬탈은 비정상적인 정치현실로 이어지고 그로 인해 야기된 도학적 기풍의 쇠퇴를 바로잡지 않는다면 이 나라는 여전히 혼란기를 벗어날 수가 없다."

그런데 희천에는 무오사화에서 희생된 김굉필이 유배 와 있었다.

희천과 어천은 그다지 먼 거리가 아니었다.

조광조는 김굉필*의 제자가 되고 싶었다. 하지만 아버지 조원강은 선뜻 결정을 내리지 못했다.

"김굉필은 정치적으로 유배 온 인물이 아닌가. 지금 정권을 쥐고 있는 세력이 훈구파인데, 조정의 미움을 받고 유배중인 사람에게 이곳을 맡아 다스리는 내가 아들을 맡긴다면 세상이 문제 삼을 것이 분명하다."

조원강은 김굉필에게 아들을 보내는 것을 망설였지만, 조광조는 이미 결정을 끝낸 뒤였다.

"저는 한훤당(김굉필의 호) 어른이 이 시대의 가장 훌륭한 학자라고 생각합니다. 꼭 그분에게 학문을 배우겠습니다."

조광조의 뜻은 분명했고, 조원강도 마지못해 승낙을 할

---

김굉필은 조선 전기의 성리학자다. 고려 말 정몽주와 길재를 거쳐 김종직을 계승한 영남 사림파의 핵심 인물로서 김종직의 문하에서 학문을 익혔는데, 특히 『소학』에 심취하여 '소학동자'라 지칭되었다. 1498년 무오사화가 일어나자 평안도 희천에 유배되었는데, 그곳에서 조광조를 만나 학문을 전수하였다. 1504년 갑자사화로 극형에 처해졌으나 중종반정 이후에 신원되어 도승지로 추증되고, 1517년에는 정광필 등에 의해 우의정이 추증되었다. 1610년(광해군 2) 정여창·조광조·이언적·이황 등과 함께 5현으로 문묘에 종사됨으로써 조선 성리학의 정통을 계승한 인물로 인정받았다.

**충무사 본당(전라남도 순천시 해룡면)**
임진왜란 때 큰 공을 세운 이순신, 정운, 송희립을 제향하고 있다. 1598년 임진왜란이 끝난 지 약 100년 후, 왜인의 악귀가 마을에 나타나자 불안해진 주민들이 1697년경 사당을 짓고 충무공의 위패를 봉안하여 제사를 지내 오다가, 1944년 일본인들에 의해 소실되었다.
1945년 8·15 광복을 맞으면서 유적보존회가 설립되어 1947년 사당을 새로 건립하였다. 그 후 1987년 복원하여 현재의 모습을 갖추었다.

수밖에 없었다.

"내 세 아들 중에 네가 가장 유망해 보인다. 그런 아들이 한훤당을 따라 배운다면 큰 도움이 되지 않겠는가. 비록 김굉필이 유배살이를 하고 있지만 너한테는 큰 스승이 되어 줄 것이다."

조원강은 조광조에게 양희지\*를 찾아가게 했다.

"그분은 두루 인맥이 강해서 그분의 소개장이라면 어느 누구도 거절하지 못한다."

조광조는 아버지의 말을 듣고 즉시 양희지를 찾아갔다.

그 무렵에 양희지는 임사홍, 유자광은 물론이고 정여창에 이르기까지 두루 인맥이 넓었다. 성종 조부터 출사하기 시작하여 연산군 시절에는 동지성균관, 한성부우윤, 대사간을 지내는 등 관운이 끊이지 않았다. 정여창은 양희지를 두고 '하얀 칼날이라도 밟고 벼슬마저 사양할 사람은 양가행(양희지의 자) 한 사람뿐이다.'라고 말할 정도로 인정을 받고 있었다.

조광조의 방문을 받은 양희지는 기꺼이 소개장을 써 주었다. 조광조는 소개장을 들고 김굉필을 찾아갔다.

그 무렵에 김굉필은 유배생활에 어느 정도 적응되어 가

---

양희지는 조선 전기의 문신이다. 세조 때 성균관 유생으로 원각사 개창을 반대하였고 성종 때 교리·대사간·도승지·직제학 등을 역임하였다. 무오사화 때 퇴관하였다가 복관, 한성부 우윤을 거쳐 우빈객이 되었으나 병사하였다.

던 중이었다. 여종이 생활을 돌봐 주기도 했고, 마음껏 책도 읽을 수 있었을 뿐만 아니라 소문을 듣고 찾아오는 젊은이들이 많았다.

"저를 제자로 삼아 주십시오. 스승님의 훌륭한 학문을 곁에서 배우고 익혀 세상에 널리 펼치도록 하겠습니다."

김굉필은 아는 것이 많고 총명할 뿐만 아니라 매사를 적극적으로 행동하는 조광조를 처음부터 마음에 들어 했다.

"음, 아는 것이 많고 총명할 뿐만 아니라 매사를 적극적으로 행동하는 청년이로구나. 문하에 두고 잘 가르친다면 장차 큰일을 할 인물이다."

김굉필과의 만남은 조광조의 인생을 바꾸어 놓을 만큼 운명적인 것이었다. 영남 사림파의 학맥이 기호 사림파에 접목되는 역사적인 순간이기도 했다.

김굉필의 교육은 엄격하고 일과가 빈틈없이 짜여 있었

다. 조광조 외에도 최수성 등 여러 명의 제자가 김굉필의 지도를 받으며 학문 실력을 쌓아갔다.

"모두가 열심히 공부하려 하니 늘 즐거운 마음이로구나. 유배생활이 오히려 고마울 지경이구나. 이런 기회가 아니면 언제 이렇듯 보람 있고 뜻있는 시간을 가져볼 수 있단 말인가."

조광조의 향학열은 김굉필을 더욱 기쁘게 해 주었다.

"조광조는 볼수록 보통이 아니로구나."

김굉필은 『소학*』, 『근사록』 등을 토대로 하여 성리학 연구에 힘썼으며 특히 『중용』, 『대학』을 중시하였다.

"시가나 문장을 익히고 짓는 것은 태평성대에나 하는 학문이고, 지금처럼 정치가 말할 수 없이 어지럽고 사회 질서가 문란한 때에는 기본과 원칙을 이해하고 삼라만상의 이치를 터득하여 나라와 백성을 다스리는 도를 깨닫는 학

---

『소학』은 주자가 중국의 성인인 요·순·우 3대의 이상을 실현하기 위해 『경사자집』 등 여러 책에서 주요한 내용을 발췌해 편집한 책이다.

문을 해야 한다. 나는 업문(문장에 힘씀)으로는 천기를 알 수 없었는데 『소학』에서 어제의 잘못을 깨달았다."

김굉필은 스스로를 '소학동자'라고 내세울 만큼 소학의 중요성을 강조했다.

"『소학』이란 학문을 처음 배우는 아동들을 위해 유학의 여러 경전에서 내용을 뽑아 엮은 책인데 어찌하여 그런 기본 학문을 배우라 하시는 것입니까?"

처음에 제자들은 김굉필의 교육 방법을 쉽게 이해하지 못했다.

"『소학』은 사람이 행해야 하는 여러 예법과 착한 행동과 좋은 말 등을 고금의 책에서 뽑아 편찬한 것이다. 여러 번 읽고 나면 내 뜻을 이해할 것이다."

김굉필은 『소학』을 항상 학문의 기본으로 둬야 하는 이유를 설명했다.

"빗자루로 마당을 쓰는 예절부터 시작해 애친·경장·충군·융사·친우 등의 내용을 읽다 보면 세상의 이치가 눈에 훤히 보이게 마련이다. 또한 수신(악을 물리치고 선을 닦아서 행실을 바르게 닦아 수양함)과 위기지학(자신의 인격 수양을 목적으로 하는 학문)을 강조한다는 점에서 권력의 부정과 비리에서 자유로운 학자들의 정치사상에 부합하는 점이 많다."

조광조는 김굉필의 가르침대로 『소학』을 수없이 읽었다.

"스승님 말씀이 옳았구나. 그동안 여러 글을 읽었어도 모든 조화를 이루는 하늘의 이치를 알지 못했는데 『소학』을 읽고 나서 지난날의 잘못을 깨닫게 되었다."

조광조가 나중에 내세운 '도학정치사상'은 김굉필의 가르침에 따라 『소학』을 정독하면서부터 싹트게 되었다.

"남을 다스리는 것보다 나 자신을 닦는 일을 항상 중요하게 여겨야 한다."

김굉필은 조광조에게 남을 가르치려 하기 이전에 자기

**창덕궁 태극정 (서울특별시 종로구 와룡동)**
창덕궁 후원 옥류천 주변에 있는 정자다. 인조 14년(1636)에 세웠으며, 원래 운영정이라 불렀다가 태극정으로 이름을 바꾸었다. 다른 정자들과 달리, 높은 장대석 기단 위에 지어졌다.

자신을 다스릴 줄 아는 공부를 먼저 해야 한다고 가르쳤던 것이다.

"말을 사랑하는 것, 화초를 사랑하는 것, 새 기르는 것을 좋아하는 것 등은 마음을 바깥으로 치닫게 하여 진흙에 빠지게 되므로 진리에 들어갈 수 없다"

세조의 왕위 찬탈로부터 시작된 정국의 혼란은 성종 대

에 다소 수습이 되는 듯했지만 연산군의 학정은 나라 전체를 멸망 지경에까지 놓이게 하고 있었다.

김굉필은 성리학만이 혼란에 빠진 정국을 수습할 수 있는 유일한 방법이라고 여겼다.

"유학에서는 개인적인 수양에 의해서 하늘과 하나 됨을 실천하는 사람을 성인으로 인정하고 있으니 개인 수양의 목표는 결국 성인이 되는 것을 뜻한다."

그런데 어느 날이었다. 꿩 한 마리를 잡은 김굉필은 그 꿩 고기를 잘 말려 고향의 어머니에게 보내려고 했다.

"어머니께서 못난 아들 때문에 얼마나 마음고생이 많으실까."

김굉필은 시중드는 계집종에게 포를 떠서 말리라고 시켰다. 그런데 그 꿩 고기를 그만 도둑고양이가 순식간에 물고 가 버렸다.

"그것이 어떤 고기인데 도둑고양이 밥으로 준단 말이냐!"

김굉필은 계집종에게 몹시 화를 냈다. 평소에는 말이 없고 조용하기만 하던 스승이 심할 정도로 계집종을 야단치자 보다 못한 조광조가 조심스럽게 나섰다.

"어머니를 생각하시는 마음은 잘 이해하겠지만 스승님께서는 평소에 군자란 기쁨이나 노여움, 즐거움, 슬픔 같은 것을 밖으로 드러내서는 안 된다고 가르치셨습니다. 그런데 오늘 스승님께서는 너무 흥분하신 것 같아 보기 민망할 따름입니다."

그때서야 김굉필은 자신의 행동을 뉘우치고 진심으로 사과를 했다.

"군자의 도는 말하기가 쉬워도 실천하기란 어렵다는 것을 너를 통해 배웠구나. 네 말이 옳다. 나는 네 스승 될 자격이 부족하구나."

스승이었던 김굉필조차도 어려워할 만큼 조광조는 평상시의 행동에도 빈틈이 없었고, 공부할 때의 몸과 마음가짐도 남달랐다.

"난새(중국 전설에 나오는 상상의 새)가 앉아 있는 듯, 봉황새가 버티어 선 듯, 옥처럼 윤택하며 금처럼 정갈하며 아름다운 난초가 향기를 뿌리는 듯, 밝은 달이 빛을 내는 듯하구나."

"반드시 무릎을 꿇고 앉아 손으로 팔꿈치를 맞잡았으므로 옷마다 팔꿈치와 무릎 부분이 먼저 헤진다는군."

조광조는 함께 공부하던 친구들조차 두 손 들게 할 정도로 치열하게 학문에 힘썼다. 또한 지나칠 정도로 남의 실수를 용서하지 않는 엄격성을 보였다.

"자네 혼자 편하자고 든다면 다른 누군가가 그만큼 불편할 수밖에 없다는 것을 모르는가?"

"사람의 도리를 다 하지 못했다면 사람대접 받기도 포기해야 하는 것 아닌가? 인간이 인간 탈을 썼다고 해서 다 인간이 될 수 없는 일이니 자네야말로 인간의 탈을 쓴 것뿐이로군!"

조광조의 날카로운 지적 앞에서 사람들은 숨소리도 크게

내지 못할 정도였다.

"조광조는 밥을 먹거나 변소에 가는 것 외에는 절대로 할 일 없이 시간을 보내지 않고 불도에 정진하는 승려조차 흉내 낼 수 없을 정도로 공부에 정진하는구나."

"나는 조광조가 사람으로 보이질 않아. 꼭 학문에 미친 사람 같다니까."

"화를 잉태하고 있는 놈이니 분명히 화의 태반이야!"

"남의 흉허물을 용서하지 않는 만큼 자신의 행동을 완벽하게 하고 도리에 어긋나는 일이 없지만 도무지 가까이 다가갈 수가 없어. 정이 안 가는 사람이야."

상식을 뛰어넘는 행동으로 조광조는 교우관계도 원만하지 못할 정도였다.

"나는 작은 일에 목숨을 거는 소인배가 아니다. 벗들이 없다고 해서 외로울 것도 없다. 어차피 나는 혼자서 학문에 뜻을 두고 높은 이상을 실현하기 위해 노력하는 것뿐이다."

조광조는 어떤 비난에도 개의치 않고 철두철미한 도학적 실천운동에 주력했다. 의관을 항상 단정히 하고 행동에서도 절제와 절도를 분명히 했으며 언어생활에도 규범을 두어 어기는 일이 전혀 없었다.

"정말 성리학에 미친놈이구나."

무오사화로 인해 사림이 모두 제거된 뒤에 대부분의 사람들은 성리학을 몹시 꺼리고 있었다.

그러다 보니 성리학에 미친 조광조를 두고 모두들 미쳤다고 손가락질을 해댔다. 김굉필은 그런 조광조를 항상 눈여겨보았다.

"비록 지나치게 근엄하고 엄격하지만 항상 의관을 단정히 하고 언행에 절제가 있어 품행이 방정하니 먼 훗날 세상을 위해 큰일을 해낼 인물이 분명하구나."

그렇지만 한편으로는 염려가 되기도 했다.

"자신에 대한 철저함은 훗날 정치적으로 엄격한 원칙주의자의 길을 걸어가는 바탕이 되겠지만 휠 줄 모르는 성품이 큰 화를 불러일으킬 수도 있으니 걱정이로구나."

김굉필은 순천으로 이배되기 전까지 2년 동안 조광조에게 철저한 도학주의적 실천사상을 가르쳤다.

"스승님의 도학적 탁견(뛰어난 의견)은 나를 항상 매료시켜 미친 사람처럼 학문에 빠져들게 하는구나."

짧은 기간이었지만 조광조는 김굉필의 가르침에 따라 주로 경서를 공부하며 학문의 체제를 이룩했다. 오묘한 진리를 체득하고 이를 경전 연구에 응용하여 성리학 연구에 힘썼던 것이다.

"성리학 이념으로 무장한 사림파가 주체가 되어 모든 백성이 고르게 혜택 받는 사회를 이루어야 한다. 또한 성리학의 이념이 온 나라에 두루 미쳐서 이상적인 사회를 건설하려면 다양한 개혁정책을 추진해야 한다."

조광조는 김굉필이 그랬듯, 성리학만이 어지러운 나라와 도탄에 빠진 백성을 구할 수 있다고 굳게 믿었다.

"어린 나이인데도 김종직의 학통을 이은 사림파의 우두

머리가 되었구나."

 조광조는 스무 살도 안 되어 사람들로부터 그런 칭찬을 받았다. 그만큼 학문은 물론이고 덕망이 세상에 널리 알려졌던 것이다.

# 갑자사화와 연산군

한양으로 돌아온 조광조는 첨절제사 이윤형의 딸과 혼례를 올렸다. 그때가 열여덟 살이었다. 그런데 그 이듬해에 아버지가 눈을 감았다.

조광조는 주자가례*에 따라 상을 치렀다.

용인에 있는 아버지의 산소 옆에 움막을 짓고 조석으로 공양하며 항상 예를 다했다. 또한 한가할 때에도 묘 주위를 돌아보고는 했다.

"비가 오나 눈이 오나 지극 정성으로 묘를 지키니 부모를 기리는 마음이 참으로 깊지 않은가."

주자가례는 주자가 내세운 집안의 예절에 대한 가르침을 명나라의 구준이 수집하여 만든 가정 예법이다.

**경복궁 자경전 담장**
자경전은 흥선대원군이 경복궁을 다시 지으면서 자미당 터에 고종의 어머니인 조대비(신정익왕후)를 위해 지었으나 불에 타버려 고종 25년(1888)에 다시 지어 오늘에 이른다. 자경전은 대비들이 일상생활을 하고 잠을 자는 침전 건물로, 총 44칸 규모. 장수를 기원하는 뜻을 가진 글자와 꽃, 나비, 대나무 형태를 흙으로 구워 새겨 넣은 아름다운 꽃 담장과 동식물 무늬인 십장생을 조화 있게 새겨 넣은 집 모양의 굴뚝이 있다.

"어떤 자식이 돌아가신 부모 묘를 살아생전 효도하듯 한단 말인가."

사람들은 모두 조광조를 대견해 했다. 조광조는 3년간 여묘를 살고도 애절한 슬픔을 이기지 못하여 묘 옆에 두어 칸 초가를 짓고 영원히 모시기로 했다.

"돌아가신 부모님께서도 외로우실 수 있으니 한가하게 즐길 수 있도록 시냇물을 끌어다가 못을 만들고 섬돌을 구축해야 되겠다."

조광조는 연못을 만든 뒤에 연과 잣나무를 심고 항상 그곳에 와서 소일하며 지냈다.

"효도하기 위해 못을 만들고 연과 잣나무를 심었는데 나 또한 한가함을 즐길 수 있는 곳이 되었구나. 이 아름다운 경치를 부모님과 함께 구경한다고 생각하니 마음이 흡족하구나."

예전에 김굉필에게 소개장을 써 주었던 양희지가 〈조광조에게 줌〉이란 글을 써 준 것도 그 무렵이었을 것으로 추측하고 있다.

'수재 조군(조광조)은 고인(조광조의 부친)의 아들인데, 아직 나이 20세도 되지 않았다. 일찍부터 세상이 뜻과 같지 않음을 한탄하여 도(道)를 구하는 생각이 있다가 김대유(한훤당 김굉필을 말함)가 학문에 연원(깊고 멈)이 있음을 듣고는 회천의 유배지에 찾아가 배웠다. 그 전에 내게 찾아와 지극한 예의를 갖추어 대유에게 가지고 갈 소개서를 요청하였다. 나는 수년래 친구(조광조의 부친)와의 왕복이 단절된 상태였으나 수재 조군이 간절하게 여러 번 부탁하는 것을 거절할 수 없었다. 그래서 쉬운 말로 몇 자 소개의 글을 써 주고 대유에게 가져가 보이도록 했다.'

조광조가 23세가 되던 1504년 10월, 나라가 다시 한 번 소용돌이에 휘말리는 사건이 터졌다. 갑자사화가 일어난 것이다.

무오사화를 통해 사림세력과 일부 훈신세력의 축출은 왕권을 강화하는 계기가 되었고, 이후 연산군은 급속도로 조정을 독점하기에 이르렀다.

"이제 나를 간섭할 신하는 한 명도 없다. 나는 이 나라의 군주다. 임금답게 내가 원하는 것은 모두 얻고 마음껏 즐기며 살 것이다!"

왕권이 강해지자, 연산군은 매일 향연을 베풀고 기생을

궁으로 끌어들였다. 심지어는 여염집 아낙을 겁탈하고 친족과 상간하는 등 패륜적인 행동도 끊임없이 자행했다.

"궁중으로 들어오는 기생들로 대궐 입구가 흥청거리는구나."

"마음껏 떠들고 놀며 지내니 그 계집들이 흥청이 아닌가."

사람들은 기생을 '흥청'이라고 불렀고 마음껏 떠들고 논다는 뜻의 '흥청'이라는 말이 그렇게 해서 생겨났다고 한다.

결국 국고가 거덜 날 지경에 이르고 말았다.

"국가 재정을 충당하기 위해 백성에게 무거운 세금을 부과하고 공신들에게 지급한 공신전을 강제로 몰수하도록 한다! 또한 노비들도 모두 몰수하도록 한다!"

연산군은 텅 빈 국고를 채우기 위해 공신들의 공신전을 몰수하고 노비까지 몰수하라는 명을 내렸지만 그 일은 조정대신들의 큰 반발을 일으켰다.

"임금이 향락과 사치에 빠져 우리의 경제기반까지 몰수하려는 것을 더 이상 보고 있을 수가 없다!"

대신들은 왕의 처사가 부당함을 지적하면서 지나친 향락을 자제해 줄 것을 간청했다.

"기생을 궁궐 안으로 불러들이지 마시고 연회를 줄이십시오. 또한 국고를 아끼지 않는다면 장차 이 나라는 혼란에 빠지고 말 것입니다!"

"향락적인 궁중생활은 백성을 도탄에 빠뜨리고 있습니다. 나라를 안정시키고 백성이 편안하게 살 수 있는 길을 찾아내는 데 힘을 쏟아 주십시오!"

대신들의 간언은 끊임없이 계속되었고, 연산군은 그 간언을 몹시 귀찮아했다. 그 틈을 이용해 임사홍* 일파가 정

---

임사홍은 아들 광재와 숭재가 각각 예종과 성종의 사위가 된 뒤부터 차차 권력을 쥐게 되었다. 성종 초 도승지 때 유자광 등과 파당을 만들고 횡포를 자행, 1478년(성종 9) 탄핵을 받고 유배되었으나 반대여론으로 풀려났다. 1498년(연산군 4) 무오사화 이후 권세를 독점하고 있던 유자광, 연산군의 처남 신수근과 제휴하여 연산군의 생모 윤비가 폐비된 후 사사된 내력을 연산군에게 밀고, 1504년 갑자사화를 일으키게 했다. 같은 해 극형을 받게 되었으나 왕의 특명으로 모면하고 권세를 누리다가, 1506년 중종반정 때 추살되고 이어 부관참시되었다.

**경희궁 자정문(서울특별시 종로구 신문로)**
조선 시대 궁궐로 광해군 10년(1623)에 건립한 이후, 10대에 걸쳐 임금이 정사를 보았던 궁궐이다. 서울시에 있는 5대 궁궐 중에서 서쪽에 자리하여 서궐로도 불렸으며, 새문안 대궐, 새문동 대궐, 야주개 대궐이라고도 하였다. 경복궁, 창경궁과 함께 조선 왕조의 3대 궁으로 꼽힐 만큼 큰 궁궐이었으며 본래는 100여 동이 넘는 전각들이 있었으나 일제 강점기에 심하게 훼손되어 현재 남아 있는 건물은 정문이었던 흥화문과 정전이었던 숭정전, 그리고 후원의 정자였던 황학정까지 세 채에 불과하다.

권을 장악하기 위해 서서히 움직이기 시작했다.

"이 틈을 이용해 임금을 반대하는 대신들을 몰아내게 한다면 정권은 우리 손아귀로 들어올 수 있다."

임사홍은 성종 시대에 사림파 신관들에 의해 탄핵을 받아 귀양을 갔던 일 때문에 개인적으로 사림을 싫어하고 있었다. 그래서 연산군과 신하들의 대립을 이용해 훈구세력과 잔여 사림세력을 일시에 제거해서 정권을 장악하려 했던 것이다.

임사홍은 그동안 극비로 다뤄지고 있었던 폐비 윤씨 사건을 연산군에게 밀고하기로 했다.

"성종께서 폐비 윤씨 사건에 대해서는 절대 거론하지 말라는 유명을 남겼지만 그 사건의 내막을 주상이 알게 되면 윤씨의 폐출을 주도했던 훈구세력과 사림세력에게 동시에 화를 입힐 수 있는 일거양득을 얻을 수 있다."

임사홍은 연산군의 비 신씨의 오빠인 신수근과 손을 잡고 철저하게 음모를 꾸몄다.

"내 생모가 폐비가 되었다는 것은 알고 있었으나 그런 억울한 죽음을 당했다는 것은 꿈에도 몰랐다. 내 어머니를 억울하게 죽인 자들을 결코 용서하지 않을 것이다!"

모든 사실을 알게 된 연산군은 모친 윤씨에 대한 복수를 철저하게 자행했다. 관련자들을 모두 죽이는 대살생극을 벌인 것이다.

윤씨 폐출 사건에 간여한 성종의 두 후궁인 엄귀인과 정귀인을 궁중 뜰에서 직접 참하고 정씨의 소출인 안양군, 봉안군을 귀양 보내 사사시켰다.

그리고 윤씨 폐출을 주도한 인수대비를 머리로 들이받아 부상을 입혀 절명하게 했다.

"이제 신하들은 내 행동을 저지하지 못한다! 내 어머니 폐위에 가담하거나 방관한 자는 모두 찾아내어 엄벌에 처할 것이다!"

"윤필상, 이극균, 성준, 이세좌, 권주, 김굉필, 이주 등 10여 명을 사형시키도록 하라!"

"이미 죽은 한명회, 한치형, 정창손, 정여창, 어세겸, 심회, 남효온, 이파 등은 부관참시에 처한다!"

"홍귀달, 주계군, 심원, 이유녕, 변형량, 이수공, 곽종번, 박한주, 강백진, 최부, 성중엄, 이원, 신징, 심순문, 강형, 김천령, 정인인, 조지서, 정성근, 성경온, 박은, 조의, 강겸, 홍식, 홍상, 김처선 등을 엄벌에 처하도록 하고 그 자들의 가족과 자녀에 이르기까지 연좌시켜 죄를 적용하도록 하라!"

1504년 3월부터 10월까지 7개월 동안 벌어진 갑자사화의 희생자는 규모뿐만 아니라 그 형벌의 잔인함이 무오사화에 비할 바가 아니었다.

무오사화가 신진 사림과 훈구세력 간의 정치 투쟁이었다면 갑자사화는 왕을 중심으로 한 궁중세력과 훈구·사림으로 이루어진 세력 간의 대결이었다.

그러나 갑자사화가 겉으로는 일종의 복수극으로 보이지만 실제로는 연산군과 임사홍 일파가 정권을 장악하려고 벌인 고의적인 참살극이었다.

전라도 순천으로 유배지를 옮긴 김굉필이 연산군이 내린 사약을 받고 숨을 거두었다는 소식을 들은 조광조의 슬픔과 분노는 이루 말할 수 없이 컸다.

"임사홍의 무리들로 인해 나라가 어지럽게 되고 내가 존경하던 스승님도 억울한 죽임을 당하고 말았구나. 스승님의 가르침대로 올바른 선비들이 기를 펴며 나라를 태평성대로 이끌 수 있는 날을 반드시 만들고 말겠다!"

갑자사화 이후 연산군의 폭정은 걷잡을 수가 없었다.

전국의 이름난 기생을 조정으로 불러들이고, 좋은 말들을 징발하고, 언론의 주축이 되던 사간원을 없애 버리고, 정치논쟁을 금하기 위해 경연을 폐지시켰다.

또한 성균관을 없애고 놀이터로 만들어 버렸다.

"사냥을 즐기기 위해 도성을 기준으로 30리 내에 있는 민가를 철거하도록 하라!"

"흥천사는 마구간으로 만들고 대원각사는 장악원으로 개칭하여 연방원을 두고 기생들의 모임 장소로 사용하도록 하라!"

"나를 나쁘게 말하는 언문(한글)으로 된 글이 벽에 나붙지 못하도록 훈민정음 사용을 금하고 언문으로 된 서적을 몽땅 불태워 없애도록 하라!"

연산군은 많은 후궁을 두었는데 그 중에는 장녹수*가 있었다.

연산군은 장녹수를 몹시 총애하여 그녀를 비방한 후궁들의 사지를 찢어 죽이고 그들의 머리를 뽑아 후궁 등과 궁녀들에게 전시하는 엽기적인 행각을 벌이기도 했다.

"임금이 정신이 돌았어!"

"선왕들께서 평생을 통해 이룩한 모든 것들을 한갓 허섭스레기로 만들고 있질 않은가."

"자신에게 충고하는 것을 끔찍하게 싫어하고 학문과 학자라면 치를 떨질 않는가!"

"올바른 말을 하는 학자들에게 억울한 죄를 씌워 죽이거나 벼슬자리에서 내쫓기를 밥 먹듯 하니 장차 이 나라가 어찌 되려고 이런단 말인가."

"임금이 정치에는 뜻이 없고 그저 향락에만 몸과 마음을

---

장녹수는 연산군이 총애한 여자다. 성종의 사촌 동생인 제안대군의 여종이었는데 용모가 뛰어나고 가무에도 능하여 연산군의 눈에 들어 입궐, 숙원에 봉해졌다. 왕의 총애를 기화로 국사에 간여하고 재정의 궁핍을 초래하는 등 연산군 실정의 한 원인을 만들었다. 1506년 중종반정으로 참형을 받고 적몰되었다.

**창경궁 옥천교(서울 종로구 와룡동)**
창경궁에 있는 창경궁 정문인 홍화문에서 명정문 사이 금천에 가설된 석교다. 1963년 1월 21일 보물 제386호로 지정되었다. 길이 9.9m, 너비 6.6m, 화강석제. 창경궁이 1484년(성종 15)에 완성되었으므로 이 다리도 그때 조성된 것으로 보인다.

모두 쏟고 있으니 백성의 괴로움은 오죽하겠는가."

연산군은 걸핏하면 신하들이 자신을 능멸한다고 트집을 잡았다. 심순문이란 신하는 단지 올려다보며 말을 했다는 이유로 처벌을 받아야 했다. 또한 의심도 많았다.

"귀양 가는 자를 뒤쫓아 가 보도록 하라. 어떤 모습으로 가는지 잘 살펴보고 보고하도록 하라!"

귀양 가는 사람의 태도가 조금이라도 규정에 어긋난다는 보고를 받으면 더 호된 벌을 내렸다.

"왕은 절대자여야 한다!"

연산군은 유배 간 신하들의 동정에도 잔뜩 신경을 곤두세웠다.

그 무렵에 이장곤이 왕의 미움을 받아 거제도로 유배 가 있었다. 그는 학문뿐만 아니라 무예 실력도 뛰어난 인물이었다.

"이장곤이 거제도에서 군사를 일으켜 한성으로 진격해 온다고 한다!"

그런 유언비어가 나돌자, 연산군은 즉시 사람을 보내 이장곤의 동정을 살피게 했다. 그런데 이장곤은 유배지를 탈출해 어디론가 사라진 뒤였다.

"소문이 사실이란 말인가? 이장곤이 군사를 몰고 한성으로 몰려온다면 어디로 몸을 피한단 말인가."

신하에 대한 연산군의 불안감은 나날이 심해졌고, 결국 엉뚱한 명을 내렸다.

"사모(관원들이 관복에 갖추어 쓰던 모자)에 충(忠)과 성(誠) 글자를 써서 쓰도록 한다! 경들은 변함없는 충성을 다짐하도록 하라!"

하지만 성리학을 멀리하고, 유흥에만 빠져 지내는 자신을 조금은 부끄러워하기도 했다.

"내 부족한 자질이 부끄러울 따름이다."

그런데 연산군을 몰아내려는 움직임은 아주 사소한 일에서부터 시작되었다.

이조참판으로 있던 성희안이 연산군이 참석한 연회석상

에서 시 한 편을 지어 바친 것이 발단이었다.

'성상의 마음이 원래 청류(경치 좋은 곳에서 놀며 즐기는 것)를 좋아하지 않으셨는데.'

그런데 연산군은 성희안*이 자신을 모독한 시를 지었다고 여겼다.

"감히 나를 모욕하다니! 성희안을 당장 부사용으로 강등시켜라!"

연산군은 불같이 화를 냈고, 결국 성희안은 참판 자리에서 내쫓기고 말았다.

"이렇게 억울할 데가 있단 말인가."

성희안은 울분을 참으며 나날을 보냈다.

"세상을 바꿀 방법을 찾아야 한다. 평범한 남자가 못된

> 성희안은 1504년(연산군 10) 이조참판 겸 부총관 때 양화도 놀이에서 왕의 횡포를 풍자한 시를 지어 바침으로써 미움을 사 좌천되었다. 1506년 박원종(朴元宗) 등과 중종반정을 일으켜 연산군을 폐하는 데 공을 세우고 정국공신 1등에 형조판서가 되었다. 이어 창산부원군에 봉해지고 주청사(奏請使)로 명나라에 가서 반정을 납득시켰다. 귀국 후 우의정을 거쳐 1513년(중종 8) 영의정에 이르렀다.

짓을 한다면 침이나 뱉고 말 일이지만, 한 나라의 임금이 폐정을 일삼는다면 당연히 역사를 바꿔야 한다."

성희안은 병력을 동원할 연줄을 지닌 박원종*에게 자신의 뜻을 밝혔다.

"때를 기다리던 중이었소. 더 늦기 전에 임금을 갈아치우고 새 역사를 세워야 할 것이오."

성희안, 박원종은 박영문, 홍경주와 함께 거사를 도모했다. 그들은 유자광도 끌어들이기로 했다.

"과거는 절대 따지지 않을 것입니다. 다만 거사를 일으킨 그 자리에 참여했다는 사실만 높이 살 것입니다."

유자광으로서는 선택의 여지가 없었다.

"어차피 대세는 기울어졌다. 나는 지금 왕(연산군)의 총애를 받으며 이 자리에까지 올랐으나 그 많은 적을 만들고 무사할 수는 없다. 내 목숨이 이미 저들에게 달렸으니 지

---

박원종은 조선 전기의 무신이다. 성희안 등과 중종반정의 주도적 역할을 하여 정국공신 1등에 책록되었다.

금 왕을 배신한다고 한들 누가 나를 탓할 것인가."

유자광은 거사에 협조하겠다고 했다.

하지만 이조판서 유순은 과감하게 거절했다.

"어찌 신하된 도리로 배신을 한단 말이오?"

하지만 상황이 연산군에게 점점 불리해지는 것을 파악한 유순은 뒤늦게 합류할 뜻을 내비쳤다.

"9월 2일, 날이 밝기 전에 창덕궁을 포위하고 돈화문을 통해 입성하도록 합시다!"

마침내 거사 일이 돌아오자, 성희안 등은 군사를 이끌고 창덕궁을 포위했다.

"절대 포기하지 말고 폭군 임금을 몰아내 주시오!"

"죽지 못해 사는 세상이었는데, 못된 임금을 몰아내면 다시 좋은 날이 돌아올 것이오."

백성은 술과 음식을 내오며 군사들을 격려했다. 눈물을 흘리며 박수를 치는 사람도 많았다.

그런데 그 자리에 구수영이 허겁지겁 나타났다. 구수영

의 아들은 연산군의 부마였다. 구수영은 그동안 연산군의 유흥을 도맡으며 미녀를 뽑아 올리는 등 갖은 부패를 일삼으며 지탄을 받고 있던 자였다.

"나도 이 거사에 참여하겠소!"

중종반정이 성공한 뒤, 구수영은 자신의 며느리인 휘신공주(연산군의 딸)를 세상의 변화에 따라 가차 없이 버렸다.

반란군들은 진성대군에게 거사 사실을 통보하고 갑자사화를 일으키는 데 앞장섰던 신수근, 신수영 형제와 임사홍을 먼저 제거한 뒤에 궐내를 장악했다. 일촉즉발의 긴장감이 감돌았다.

하지만 사태는 의외로 쉽게 끝나고 말았다.

궁궐의 수비군은 겁을 먹고 모두 도망쳐 버렸고, 연산군도 모든 사태가 자신에게 불리하게 돌아간다는 것을 파악했다. 연산군은 별 저항 없이 상황을 받아들였다.

**창경궁 명정전 계단 댓돌 봉황 문양(서울특별시 종로구 와룡동)**
명정전은 창경궁의 정전이다. 1483년(성종 14)에 건립되어 임진왜란 때 불탄 것을 1616년(광해군 8)에 옛 모습으로 복원하였다. 또한 1963년의 수리 공사 때 지붕 합각머리 안쪽에 1616년의 재건 당시 도제조(都提調) 이하의 이름을 열기한 묵서명(墨書銘)이 발견되었다.

"내 죄가 중하여 이런 일이 올 줄 알았다."

연산군은 두려움에 떨며 간신히 그렇게 말했을 뿐이었다. 연산군 스스로도 자신이 얼마나 많은 폭정을 저질렀는지를 잘 알고 있었던 것이다.

성희안, 박원종 등이 중심이 된 반정 거사는 예상보다 쉽게 끝났고, 이로서 12년 동안의 연산군과 궁중세력의 독재정치도 막을 내렸다. 그것이 중종반정이다.

"연산군은 왕자의 신분으로 강등시켜 강화도 교동에 안치하도록 한다!"

결국 연산군은 임금 자리에서 쫓겨나고 강화도로 유배를 떠난 두 달 뒤에 그곳에서 숨을 거두었다.

## 중종반정과 조선의 앞날

 연산군의 뒤를 이어 연산군의 동생인 진성대군이 1506년, 조선 제11대 왕의 자리에 올랐다. 그가 중종이다.
 중종반정을 성공시킨 훈구세력의 힘은 다시 막강해졌고, 그것은 정치 형태가 성종 이전으로 돌아간 것을 의미했다.

 중종반정을 일으킨 주도 세력들은 참여한 사람의 과거를 문제 삼지 않았다. 누가 되건 혁명에 참여하는 자세를 높이 샀다. 그래서 유자광은 물론이고 연산군의 총애를 받았던 신윤무, 구수영 등도 혁명세력으로 인정받을 수 있었다. 성희안, 박원종에게 거사 참여 권유를 받았다가 뒤늦게야 재빨리 합류했던 유순은 최고의 관직인 영의정 자리에 오르기도 했다. 하지만 얼마 뒤, 유자광과 구수영은 혁명 공신에서 배제되었다. 유자광은 유배되었다가 귀양지에서 죽었고, 구수영은 파직되었다. 유순은 영의정에 오른 지 2년 뒤에 자연사했다.

"새로운 시대가 도래했구나."

조광조도 중종반정의 성공을 크게 기뻐했다.

"신하가 임금을 쫓아낸 일 자체는 환영할 수 없지만, 폭군 임금을 내쫓을 방법이 달리 없었질 않은가."

하지만 중종반정을 성공시킨 뒤, 조정은 정국공신 문제로 시끄러웠다. 유자광, 구수영, 유순 같은 사람들이 공신 대열에 합류한 것은 물론이고, 전혀 가담한 적이 없던 사람까지도 공신록에 이름이 오르기도 했다.

신수린은 성희안의 매부였다. 그는 중종반정에 아무런 공도 세우지 않았으므로 처음에는 공신록에 이름이 오르지 않았다. 그런데 그 사실을 알게 된 성희안의 모친이 노발대발하며 화를 냈다.

"네 말 한마디면 네 매부가 공신이 되어 평생 동안 잘 지낼 수 있는데, 그것 하나 못한단 말이냐? 네가 내 자식이라면 내 말을 들어줄 것이다! 만일 안 들어준다면 다시는 너를 안 보겠다!"

성희안의 노모는 식음을 전폐한 채 성희안을 재촉했고, 성희안은 도리 없이 박원종 등에게 사정을 해서 매부인 신수린을 3등 공신으로 만들었다.

"앞에서 모범을 보여야 될 인물들이 앞장서서 비리를 저지르고 있구나."

"성희안, 박원종 모두 인망을 얻기는 틀린 존재들이다."

성희안, 박원종 등은 개인적인 욕심으로 많은 사람들에게 지탄을 받아야 했다.

중종반정이 일어나던 그해에 조광조는 25살이었다. 하지만 이미 멀고 가까운 데서 조광조의 높은 학문을 배우고 익히기 위해 찾아오는 사람이 적지 않았다. 조광조는 여전히 성리학만이 어지럽고 혼탁한 나라를 구할 수 있다고 굳

**금강산 귀면암**
귀면암이란 본래 귀신의 얼굴 같은 바위라는 뜻인데 하도 묘하고 기막히다는 뜻을 비유하여 이르는 말이다. 귀면암은 삼선암과 하나의 조화를 이루는데, 삼선암이 구름을 타고 둥실거리면 귀면암이 험상궂게 노려보면서 만물상 바위들을 안개로 감싸버려 자연의 비밀을 보이지 않으려는 듯 숨바꼭질을 한다.

게 믿으며 기회를 기다리고 있었다.

"새 시대가 열렸으니 이제야말로 학문을 할 때가 아닌가."

수많은 젊은이들이 조광조 주변으로 몰려들었다. 조광조는 주로 용인의 선영에 지어 놓은 초당에서 사람들을 만나고는 했다.

"호젓한 산속이라 학문을 논하며 지내기에는 안성맞춤이 아닌가."

조광조를 찾아오는 사람 중에는 양팽손*이라는 젊은이도 있었다.

조광조는 양팽손을 만나 본 뒤 큰 충격을 받았다.

"나보다 여섯 살이나 아래인데도 학식이며 재주와 행실이 어디에 내놓아도 손색이 없을 정도로 뛰어나질 않은가. 아랫사람에게 모르는 것을 묻는 것은 결코 수치가 아니다."

조광조는 양팽손을 크게 존경했다.

"양팽손은 이미 열세 살에 뛰어난 학자인 송흠의 제자가 되어 송순·나세찬 등과 동문으로서 학문을 연마한 수재다. 평생 동안 우의를 다질 수 있는 좋은 벗을 만났구나."

> 양팽손은 1510년(중종 5)에 조광조와 함께 생원시에 합격하고, 1516년(중종 11) 식년문과에 갑과로 급제하였다. 정언을 거쳐 조광조 등과 함께 사가독서를 하고, 1519년 교리로 재직 중 기묘사화가 일어나자 조광조·김정 등을 위해 소두(상소문에서 맨 처음에 이름을 적음)로서 항소하였다. 그 일로 삭직되어 고향인 능주로 돌아가 학포당이라는 소실을 짓고 독서로 소일했다. 그러고 그 무렵에 유배 온 조광조와 매일 경론을 탐구하며 지냈다. 그러다 1519년 조광조가 능주에서 사사되자, 그의 시신을 수습했다. 그 뒤 다시 관직을 제수받았으나 취임하지 않다가 1544년에 김안로가 사사되자 용담현령을 잠시 맡았다.

그때 맺어진 두 사람의 우정은 평생 동안 유지되었다. 조광조가 1519년 사사되자, 그의 시신을 수습한 사람도 양팽손이었다. 조광조가 사사된 뒤, 양팽손은 벼슬에 나가지 않고 학문에만 전념하며 조광조의 죽음을 기리기도 했다.

조광조는 25~26세 사이에 여러 계층의 사람들과 폭넓은 교유를 한 것으로 보인다. 왕족의 일원인 종남부수 이창수를 비롯해 평생의 친구이자 개혁의 동지였던 김식, 조광조를 죽음으로 몰아넣은 심정도 이 시기에 교유했다. 정도전은 사람들과 넓게 사귀되, 마음을 주고받을 정도로 친한 사람에게는 온갖 정성을 다했다. 종남부수 이창수가 젊은 나이로 죽자, 조광조는 그를 잊지 못하고 이창수의 장인인 이윤형의 손을 잡고 오래도록 울었다는 기록도 있다. 조광조는 교유하고 싶은 사람이면 신분을 가리지 않았다. 사회적으로 천대받는 서얼 출신의 박경과 친밀한 관계를 유지했던 것이 그 증거다.

중종은 등극한 뒤 가장 먼저 문란해진 나라의 기강을 바로잡고 정치 수준을 끌어올리는 데 역점을 두었다.

"임금에게도 잘못이 있으면 바른말로 충고하도록 하라. 또한 성균관을 수리하여 본래의 역할을 다하도록 지원할 것이며, 선왕께서 그러했듯이 유학자들을 소중히 여기고 그들이 관직에 많이 나오도록 하겠다!"

"왕의 자문을 담당하던 홍문관의 기능을 강화하고 경연을 중시하여 정책 논쟁의 강도를 높이고 문신의 월과, 춘추과시, 사가독서, 진경 등을 엄중히 시행하겠다!"

중종의 그런 정책은 문벌 세도가들을 견제하는 한편, 왕도정치를 앞세워 훈신과 척신의 세력 팽창을 견제하려는 의도로 이루어졌다. 하지만 초기에는 실효성을 거의 거두지 못했다.

"반정에 성공한 공신세력의 힘이 너무 막강하여 왕의 입지가 미약할 수밖에 없는데다 공신들 대부분이 기득권을 누리려는 훈신세력들이니 사림 성향의 왕도정치 추구는 쉽지만은 않겠구나."

중종은 공신세력의 위세가 위축되기를 기다리는 한편, 개혁적 분위기가 사회 전반에 확산되도록 유학 공부에 전념했다. 그러다 중종 즉위 4년인 1510년에 영의정 직에 있던 박원종이 숨을 거두자 공신세력의 위세는 눈에 띄게 위축되어 갔다.

"갑자사화로 인해 정치 일선에서 밀려났던 사림 위주로 정치를 이끌 것이다!"

기회를 찾은 중종은 사림의 대표적인 인물을 찾았다.

그 무렵에 조광조는 소과와 복시에 합격해 있었다. 소과라는 것은 생원과 진사를 뽑는 과거를 말하며 소과를 거쳐야만 복시를 치를 수 있었다. 복시에 급제한 조광조는 이제 대과만 남겨 놓고 있었다.

그래서 조광조는 대과에 응시하기 위해 1510년(중종 5)에 성균관에 입학했다. 그때 조광조의 나이 스물아홉 살이었다.

"대과에 응시하여 합격하려면 성균관의 뛰어난 스승의

**방동계곡(강원도 인제군 기린면)**
방태산 자연휴양림 안으로 6km에 걸쳐 흐르다 내린천으로 들어간다. 조선 시대 석청(바위 틈에 집을 짓고 사는 벌의 꿀을 진상품(임금이나 고관에게 바치는 물품)으로 올렸던 곳인 만큼 길 곳곳에 벌통이 놓여 있는 모습을 쉽게 볼 수 있다.

가르침이 반드시 필요하다."

언젠가는 정치로 나아가 높은 뜻을 펼칠 각오를 하고 있던 조광조는 성균관에서 공부에 열중했다. 가끔은 송도(지금의 개성)에 있는 천마산과 성거산, 양평에 있는 용문사 등을 찾아가 불철주야 학문에 힘을 쏟기도 했다.

그런데 그 무렵에 어머니가 세상을 뜨고 말았다.

"조금만 더 살아 계셨어도 내가 벼슬길에 나가는 것을

보실 수 있었으련만. 내 불효를 어찌 다 감당한단 말인가."

조광조의 슬픔은 이루 말할 수 없이 컸다. 조광조는 어머니 묘소를 지키며 삼 년 동안 여막살이를 했다.

"아버지의 삼년상을 그토록 지극 정성으로 치르더니, 이번에도 어머니 산소 곁을 떠나질 않는구나"

"세상에 저런 효자가 어디 있단 말인가."

"살아 계셨을 때도 늘 효도를 했으련만 못다한 효도만을 생각하며 저리도 애달퍼하니, 모든 자식들의 귀감이 되기에 충분하구나."

사람들은 조광조의 지극한 효행을 모두 칭찬했다.


조광조는 성균관에 입학하여 34세까지 만 5년 동안 유생으로 생활했다. 그러나 그 도중에 모친이 세상을 하직했기 때문에 3년간의 시묘살이를 해야 했다. 그러니까 성균관에서의 수학 기간은 2년 정도라고 봐야 한다.

어려서부터 엄격함이 몸에 배여 있던 조광조의 행동과 마음가짐은 많은 사람들의 입에 오르내리고는 했다.

"글을 읽고 익힘에 있어 해가 다 가도록 마음을 가라앉히고 경건히 수양하는 모습은 어느 누구도 따를 수가 없을 만큼 반듯하구나."

"천마산에 있을 때 바로 앉아 있는 모양이 마치 찰흙으로 빚은 인형 같았고 괴로움을 참고 음식을 가려먹기가 중들과 다를 바가 없었지."

조광조는 외모도 수려했다. 머리가 좋고 말을 조리있게 잘해서 성균관 유생들 사이에서도 인기가 많았다.

"조광조와 학문을 논하다 보면 마치 공자와 담소를 나누고 있는 듯한 착각까지 든다니까."

"조광조가 특히 젊은 관원들을 앞장서서 이끌 수 있는 것도 그런 힘 때문이 아니겠어?"

"조광조의 학문과 인품은 강처럼 길고 바다처럼 깊질 않은가."

성균관에서 공자의 가르침을 배우는 선비들은 한결같이 조광조를 우러르며 따랐다. 그런 조광조를 중종에게 천거한 사람은 이조판서 안당이었다.

중종이 성균관 유생들 중에서 유능한 학자를 천거하라고 하자, 안당은 서슴없이 조광조를 천거했던 것이다.

"조광조는 경서에 밝고 행동이 올바르니 마땅히 발탁하여 쓰되 종6품의 관직을 제수하십시오."

"조광조가 어떤 인물인지 자세히 설명해 주시오."

"무오사화로 유배 중이던 김굉필에게서 학문을 배웠으며 사마시에 장원으로 합격하여 성균관에 입학한 인물로서 급진 개혁세력의 대표적인 인물입니다."

"조광조가 김굉필의 문하에서 수학했다면 정통적인 도학자가 아니오?"

"조광조는 도학자로서 젊은 나이에도 불구하고 사림학자들 사이에서 추앙받는 대표적인 인물입니다."

하지만 그 무렵에 조광조는 아직 대과에 통과하지 못한

상태였고, 안당의 천거를 부담스러워했다.

"집안 조상이 세운 공훈의 힘을 빌려서 벼슬길에 오르는 음서도 떳떳하지 못할 일인데, 하물며 한갓 유생에 지나지 않는 내가 어떻게 그런 특혜를 누릴 수 있겠는가."

그러나 안당이 천거한 사람은 조광조만이 아니라 김식, 박훈 등도 있었다.

"정 그렇다면 모처럼의 기회를 잡고, 더 열심히 공부해서 대과를 치르는 것이 어떤가?"

박훈, 김식 등은 벼슬 받기를 꺼려하는 조광조를 설득했고, 조광조는 마지못해 벼슬을 받았다. 첫 발령지는 조지서의 사지였다. 조광조는 마침내 종이를 만드는 관아의 종6품 벼슬에 오른 것이다.

"과거에 급제하지 않은 성균관 유생에게 그런 벼슬이 주어지는 것은 좀처럼 없는 일이지."

"임금께서 성균관 유생들 중에서 유능한 사람을 천거하라고 했을 때 제일 먼저 거론된 사람이 조광조였으니 그만큼 학문이 높다는 것이 아니겠는가."

사람들은 조광조의 출세를 부러워했다. 그러나 한편으로는 조광조를 대놓고 비웃는 사람도 많았다. 어떤 사람은 조광조를 빗대어 '일부의 『소학』을 부지런히 읽어라, 사방의 공명이 저절로 온다.'라는 시를 짓기도 했다.

"출세를 마음에 둔 적이 없는데 이런 뜻밖의 일이 일어났구나. 실상이 없는 헛된 명예를 세상에 드러내는 것은 마음으로 부끄러워할 일이니 늘 경계해야 된다."

조광조는 그런 말로 자신을 채찍질했다.

# 조광조가 꿈꾸는 나라

조광조는 벼슬에 올라서도 학문을 게을리하지 않았다. 그리고 마침내 1515년 문과전시의 알성시에 응시하여 차상으로 급제를 했다. 문과전시란 초시, 복시에서 뽑힌 사람들을 궁중에 모아서 임금이 보는 앞에서 치르는 최종 시험이었다.

급제한 조광조는 전적, 감찰, 예조좌랑을 역임하게 되었다. 그러나 그 뒤에도 조광조는 그렇다할 빛을 보지 못하고 나날을 보냈다.

그러던 어느 날, 반정공신들의 득세 속에서 제자리를 찾지 못하던 중종이 성균관을 찾아왔다.

"학사들에게 책문(정치에 관한 계책을 물어서 답하게 한 과거 과목) 한 가지를 던질까 한다."

중종은 성균관을 찾아온 목적을 말했다.

"오늘날과 같이 어려운 시대를 당해 옛 성인의 이상적 정치를 다시 이룩하기 위해서는 무엇을 어떻게 해야 하는가?"

조광조는 중종의 책문에 대해 '성실하게 도를 밝히고 항상 삼가는 태도를 나라를 다스리는 마음의 요체로 삼을 것'을 핵심 요지로 하는 답안을 냈다.

조광조의 답안은 중종을 크게 만족시켰다.

"조광조라면 공신세력을 견제할 방도를 찾아낼 수 있겠구나. 엄격한 도학 사상가인 조광조를 정치 일선으로 끌어들여 도학적 사상에 근거한 철인 군주정치를 표방한다면 조정을 장악한 공신세력을 충분히 견제할 수 있다."

성종 대 이후 기득권 세력으로 특권을 누리던 훈구세력은 연산군 시절에 두 차례의 사화를 거치면서 더욱 보수화되어 갔다.

"왕권은 허수아비처럼 아무런 힘도 발휘할 수 없을 지경으로 추락해 있다. 성리학적 이념으로 무장한 조광조를 발탁하는 것만이 공신세력을 견제할 수 있는 유일한 방법이다."

중종은 왕권강화가 절실했다. 그러자면 공신세력 제거가 절실하게 필요했다. 비록 반정에 의해 추대된 임금이었지만 중종은 점차 자신의 왕권을 확대해 가려는 야심을 갖고 있었던 것이다.

"조광조에게 사간원 정언(정6품 벼슬) 자리를 내리도록 하겠다!"

중종은 조광조를 파격적으로 등용했다.

사간원은 조정 안팎에서 일어나는 여러 일에 관해 임금에게 의견을 말하는 일을 맡아보는 관청이고, 정언은 사간원의 제일 낮은 직책에 불과했지만 임금에게 잘못이 있으면 고치도록 말할 수 있고, 그만큼 임금과 자주 만나 주장을 펼 수 있는 자리였다. 조선 시대에는 사헌부와 사간원에 배속된 관료들을 특별히 언관이라고 불렀으며 그들의 활동을 크게 권장했다. 사헌부와 사간원은 임금에게 '바른 소리' 즉 간을 하는 역할과 관리의 비행을 조사하여 그 책임을 규탄하는 일을 맡은 기관이었다. 국가 체제 유지에 필요한 긴장감이 유지되도록 자체적으로 비판하고 감시하는 기능을 담당하고 있었다.

"우리 언관들은 임금과 고위 관료들이 유교적 가르침을 몸소 실천하는지를 감시하고 백성을 유교정신으로 이끄는 파수꾼이다. 사대부 계층의 공론을 대변한다는 사명감을 갖고 언관으로서 부여된 소명에 최선을 다해야 한다."

조광조는 원칙을 지키려고 몹시 애를 쓰며 언관의 역할을 충실하게 해냈다. 중종을 위협하던 반정세력들은 성리학의 원칙에 충실한 조광조의 등장과 함께 정치적으로나 이념적으로 상당히 위축될 수밖에 없었다.

"유교 국가임을 내세운 조선 왕조가 유교적 가르침대로

**설악산 천불동**
강원도 속초시와 양양군·인제군·고성군에 걸쳐 있는 산. 천불동은 비선대에서 대청봉에 이르는 설악산에서 가장 대표적인 골짜기다. 협곡을 이룬 계곡 양쪽의 기암석들이 마치 천불이 꽉 들어차 있는 듯한 경관을 연출하고 설악을 대표하는 절경 등이 거의 이 골짜기에 밀집되어 있다.

실천하기만 하면 모든 어려움을 이겨낼 수 있습니다."

"성리학을 정치와 민간교화의 근본으로 삼아야 할 것이며 철저한 도학사상에 입각한 왕도정치를 실현해야 할 것입니다."

중종은 늘 조광조를 곁에 두고 말을 귀담아들었다.

"참다운 도학정치가 이루어지도록 하자면 먼저 국왕이 밝은 임금이 되야 할 것입니다. 소인들을 멀리하고 마음이 착한 군자들을 가까이하십시오."

조광조는 임금이 자잘한 논쟁에 마음 쓰지 말고 크고 바른 것에 정신을 두어야 한다고 주장했다.

"임금의 학문은 한결같이 요순의 법을 본받아야 하는 것입니다. 학문이 깊고 튼튼해지면 애쓰지 않아도 절로 다스려지는 법이나 문자만 배우고 이치를 깨닫지 못하면 군자가 될 수 없습니다. 전하께서는 옛날 요순과 같은 훌륭한 군주의 도를 본받으셔서 학문의 길은 경지에 이르도록 힘을 쏟아 주십시오."

조광조는 자잘한 업무 정도는 신하들에게 맡기고 임금은 마음을 닦는 학문에 힘써 달라는 상소를 올렸고, 그 상소는 중종을 감동시키기에 충분했다.

"왕위에 오른 지 어느덧 12년이 다 되었지만 반정공신들에 휩싸여 소신대로 정치를 펼치지 못했다. 신하가 요순시대를 반드시 이룰 수 있다고 믿는데, 하물며 임금인 내가 이루지 못할 이유가 뭐가 있겠는가."

중종의 신임을 받은 조광조는 1518년 홍문관의 부제학이 되었다.

부제학이 된 그해 조광조는 미신을 타파하려면 제일 먼저 궁중에 있는 소격서*를 폐지해야 한다고 주장했다.

"소격서를 폐지하지 않고서는 유학이 바로 설 수 없다!"

그렇게 생각한 조광조는 알성시에 합격하여 성균관에 들

---

소격서는 조선 시대에 도교의 보존과 도교 의식을 위하여 설치한 예조의 속아문이다. 도교의 일월성신을 구상화한 상청·태청·옥청 등을 위하여 삼청동에 성제단을 설치하고 초제 지내는 일을 맡아보았다. 태종 이전에는 소격전이라 하여 하늘과 별자리, 산천에 복을 빌고 병을 고치게 하며 비를 내리게 기원하는 국가의 제사를 맡았는데, 1466년(세조 12) 관제 개편 때 소격서로 개칭하였다.

어간 중종 5년(1510)부터 기묘사화(1519년)까지 9년 동안에 소격서 폐지를 요구하는 상소를 265회나 올렸을 정도였다. 조광조가 소격서를 미신으로 몰아 혁파하려 했던 것은 사상적인 문제인 동시에 훈구파 체제를 허물기 위한 노력인 셈이었다.

"조광조는 지나치게 소격서 폐지에 집착하고 있구나."

"선악과 공과를 떠나 전통과 구습의 개혁은 시간을 필요로 하는 데도 조광조는 그 사실을 전혀 고려하지 않고 있다."

조광조가 중종의 신임을 얻은 뒤 소격서 폐지에 대한 집착을 본격적으로 드러내자 수많은 반대가 쏟아졌다.

"소격서는 미신을 섬기는 데가 아닙니다. 가물 때는 비를 내려 달라고 기우제를 지내고, 홍수가 났을 때는 비를 그치게 해 달라고 기청제를 지내며 큰 재변이 일어나면 막아 달라고 해괴제를 지내는 곳입니다."

"선왕 때부터 있어 온 소격서를 어찌 철폐하려는 것입니까?"

중종도 그 문제에 대해 선뜻 결정을 내리지 못했다.

그러나 조광조 입장에서는 도교의 제천행사를 주관하던 관청인 소격서를 폐지하는 것은 성리학이 아닌 이단사상이 보급되는 것을 차단하는 것이었다. 조광조는 소격서의 존재를 유교적 정치이념을 저해하는 근본적인 태도의 문제로 해석해 소격서 폐지를 중요한 정치적 쟁점으로 부각시켰던 것이다.

"천재지변이 있을 때 일월성신에게 제사를 드리는 풍습은 아주 오래 전부터 이어 온 전통이다. 임금께서도 단번에 내 주장을 받아들이실 거라고 생각하지 않았으니 내 주장이 받아들여질 때까지 맞설 것이다."

조광조는 계획한 대로 삼사(사헌부, 사간원, 홍문관)의 여론을 불러일으키는 데 앞장섰다.

"반드시 소격서 폐지 윤허를 내릴 때까지 퇴청을 하지 말기로 합시다!"

조광조의 뜻에 찬동한 삼사의 대간들은 낮에는 편전에서, 밤에는 침전 앞에서 소격서를 철폐하라는 어명이 내릴 때까지 물러나지 않기로 결의했다.

"부디 백성의 생활 태도가 건전한 것이 되도록 소격서를 철폐해 모범을 보여 주십시오!"

조광조의 제안에 찬동하여 사헌부, 사간원, 홍문관과 예문관 등의 관원들이 앞 다투어 모여들었고 그들은 대전 앞에 거적을 깔고 엎드렸다.

결국 중종은 조광조에게 손을 들고 말았고, 1518년 9월에 소격서가 철폐되었다.

그 뒤에도 조광조는 주저하지 않고 혁신적인 주장을 펼쳤다.

"전하께서 윤허하지 않으시면 하루에도 몇 번씩 찾아뵙고 간청할 것입니다."

어느 때는 잠도 자지 않고 간청했다는 일화가 수없이 많다.

'공은 입시할 때마다 의리를 인용, 비유하며 끊임없이 말을 하므로 다른 사람이 미처 한 마디도 할 수 없었다. 혹한의 겨울이나 무더운 여름에도 밤을 보내고 정오까지 끝내지 않았으며 공이 청하는 말은 허락되지 않는 것이 없었다. 그러나 한 자리에 있던 사람들은 매우 싫어하는 빛이 있었다.'

'임금과 대할 때는 반드시 마음을 정제하고 생각을 숙연히 하여 신명을 대하는 것과 같이 하였고, 아는 것을 말하지 않은 적이 없고, 하는 말은 충직하지 않은 것이 없었다.'

반대파의 원성이 하늘을 찌를 듯 높았지만 그럼에도 불구하고 조광조에 대한 중종의 신임은 참으로 대단했다.

"조광조와 전하는 단순히 신하와 임금 사이를 넘어 동지적 성향을 띠고 있질 않은가."

"전하는 조광조의 분명한 사리 판단과 절도 있는 행동, 그리고 거리낌 없는 직언을 몹시 좋아하지. 도학정치의 실

**경남 남해 상주 다락논**

남해섬 북쪽을 연결하는 해안 길은 두곡을 지나 석교 삼거리에서 남면 가천 다랭이마을(행정구역상 이름은 가천마을)로 이어진다. 다랭이마을은 설흘산(해발 481미터)이 뻗어 내려와 바닷가에 멈춘 곳으로 가장 한국적인 모습을 간직하고 있다. 척박한 산비탈에 돌을 쌓아 만든 다락논이 굽이굽이 층계를 이루고 있다. '다랭이'는 비탈진 곳에 층층이 만든 계단식 논을 뜻하는 다랑이의 사투리다. 급경사로 이뤄진 다락논(천수답)은 층수로 따지면 100여 층에 달할 정도로 가파르고 높다. 1평 남짓한 아주 작은 삿갓배미부터 300여 평에 이르는 큰 배미까지 모양도 가지가지다.

현을 위해 노력을 아끼지 않는 것도 모두 조광조의 도움이 크지."

많은 사람들이 그런 말을 할 정도로 조광조가 중종에게 미친 영향은 대단했다.

1518년에 압록강 건너 만주 땅에 살던 여진족 중 속고내라는 인물이 무리들을 거느리고 압록강을 건너왔다. 속고내는 가끔 국경 일대에서 난동을 부리다 도주하고는 했던 요주의 인물이었다.

"속고내가 갑산에 나타나서 사냥을 하고 있다!"

그 지방 절제사 정인겸은 몰래 군사를 보내어 속고내의 무리를 잡도록 해 달라는 급보를 조정으로 보내왔다.

"지금이 좋은 기회인 듯하니, 계획을 세워서 속고내 그 자를 실수 없이 사로잡도록 해야 합니다."

그렇게 말한 것은 영의정 정광필이었고 그 말에 병조판서 류담년이 찬성을 했다.

"갑산 골짜기에 군사들을 매복시켜 놓았다가 속고내가

지나갈 때 기습을 하면 쉽게 사로잡을 수 있을 것입니다."

결국 속고내를 습격하여 사로잡자는 것으로 의견을 모으고 방어사를 파견하기로 결정을 내렸다. 그러나 조광조는 그 결정에 반대를 하고 나섰다.

"제왕의 거동은 모든 것에 허술한 것이 없어야 하며, 반드시 사리가 바른 뒤에 행해야만 합니다. 속고내를 습격하여 체포하는 것은 도적의 술책이니 당연히 나라의 체면이 손상되는 일입니다."

조광조의 의견에 다른 대신들이 반박을 하고 나섰다.

"속고내를 사로잡으면 변방을 위협하는 다른 야인들도 진정시킬 수 있으며, 나아가 변방 전체를 진정시킬 수 있소!"

그러나 조광조는 물러서지 않았다.

"내가 반대하는 이유는 세 가지가 있습니다. 첫째, 반역을 도모할 마음이 없고 다만 사냥을 하고 있을 뿐인데 체포하는 것은 명분이 없고, 둘째로 죄가 있다면 군사를 일으켜 정정당당하게 죄를 묻는 것이 정도이지 몰래 기습하는 것은 도적의 술책이니 나라의 체모에 손상이 됩니다. 셋째로는 야인들의 버릇을 고치는 효과가 있다고 했으나 오랑캐를 힘으로, 더군다나 술책이 동반된 힘으로 제압해서는 안 되며 인과 의로 대해야 합니다. 오랑캐도 사람의 마음은 있는 것이니 성의로 움직이면 복종하지 않는 일이 없을 것입니다. 바야흐로 왕도를 행하려 하시면서 어찌 패도(무력이나 꾀를 써서 나라를 다스리는 일)보다 낮은 일을 행하려 하십니까?"

조광조는 속고내를 몰래 체포하려는 것은 왕도정치와는 거리가 멀며 패도보다 격이 낮은 것이라고 비판했다.

"왕도는 인으로 하는 정치이고 덕으로 하는 정치입니다. 그래서 왕도정치는 백성의 자발적인 복종을 이끌어 내는 정치입니다. 오랑캐도 성의로 움직이면 복종하지 않는 일이 없을 것입니다."

결국 조광조의 주장대로 군사를 몰래 보내어 속고내를

체포하기로 한 결정은 취소되었다.

"조광조의 말 한 마디에 임금마저도 이랬다저랬다 할 정도이니 조광조의 승낙 없이는 아무 것도 할 수 없단 말인가?"

조광조를 미워하는 무리들은 날로 불만이 늘었지만 조광조는 아랑곳하지 않고 오직 도학사상을 실현시키려고 애쓸 따름이었다.

오랑캐도 왕도로 접근해야 한다고 주장할 만큼 왕도정치에 대한 조광조의 신념은 확고했고 백성을 다스리는 것도 그와 다를 바 없다고 여겼다.

'백성이 편안하게 생업에 종사한다면 거의 근심이 없을 것입니다. 또 조정의 기세를 형벌로 잡아서는 안 됩니다. 조정이 이미 바르게 되면 아랫사람들은 자연히 마음으로 복종합니다. 형벌은 비록 폐지할 수는 없으나, 다만 정치를 돕는 보조 수단일 뿐이지 정치의 근본이 돼서는 안 됩니다. 옛사람이 이르기를 어린아이를 보호하듯 하라고 했으니, 백성을 사랑하기를 진실로 어린아이를 사랑하는 것처럼 할 수 있다면 백성이 위를 보는 것 역시 반드시 부모같이 여길 것입니다. 이와 같이 오래도록 견지한다면 어찌 정치의 교화가 이루어지지 않음을 걱정하겠습니까? 옛날부터 패도의 공을 좋아하는 임금은 많았으나 왕도를 실행하는 임금은 드물었습니다. 패도를 숭상하는 사람은 비록 부국강병의 효과를 이루기는 쉬우나 어찌 다시 인의의 도가 있겠습니까? 왕도를 행하면 비록 조석 같은 효과는 보지 못할지라도 오래되면 크게 이루어집니다.'

조광조는 형벌로써 사회 질서를 유지해서는 안 된다고 분명히 밝혔다. 애민(백성을 사랑함)의 정치를 펼치면 백성은 감화를 받게 되고 결국 사회 질서가 유지되며 인과 의도 역시 성취된다고 보았다.

조광조는 나라 안에 성리학의 이념을 퍼뜨리기 위해서

**약탕기와 한약재**
약탕기는 한약을 달이는 그릇이다. 옛날 사람들은 "은그릇이 최상이요, 자기는 그 다음이다"라고 하면서 돌이나 철그릇으로 약을 달이는 것을 금하였다. 이러한 그릇으로 약을 달이면 후에 침전이 발생되고 용해도가 떨어지며 심지어는 화학 변화를 일으켜 부작용이 생기기도 한다. 흔히 쓰이는 뚜껑 있는 도자기 약탕그릇은 값도 싸고 화학 변화도 생기지 않는다.

김굉필에게서 배웠듯 『소학』을 비롯한 『삼강행실』, 『이륜행실』, 『주자가례』 같은 책을 널리 보급했다. 유교적 도덕 이념을 확산시키려는 조치였다. 또 한편으로 민생을 위한 개혁에도 적극적으로 착수했다.

"농민을 가장 괴롭히던 공물의 폐단을 시정하고 균전제를 실시해 토지의 집중을 완화하고 토지 소유의 상한선을 정해 부유층의 재산 확대를 막도록 하겠다!"

조광조의 개혁정치는 백성에게 많은 호응을 얻었다. 그러나 조광조의 개혁에 대해 의문을 품는 사람도 많았다.

"조광조는 현실을 인정하지 않는 이상주의자일 뿐이다."

"개혁은 개혁자의 의지와 지혜의 상승 작용에 의해서 이루어지는 것이지 이상만으로 실현될 만큼 간단하지 않다."

"조광조도 그 사실을 모르지 않을 텐데도 그는 주자학적 명리에 지나치게 집착하고 있을 뿐이지."

조광조의 이름이 세상에 널리 알려지는 만큼 큰 부담을 느끼던 기득권 세력 또한 더욱 조직화되고 확산되어 갔다.

조광조는 1518년 11월에 대사헌에 올랐다. 급제 후 2년 만에 종2품 사헌부 우두머리 대사헌에 진급한 일면에는 임금의 절대적인 신임 덕분이기도 했지만 조광조가 펼치는 개혁정치가 당시의 시대 교류에 맞았기 때문이기도 했다. 그러나 처음에는 조광조도 대사헌의 자리를 거듭 사양했다.

"소신은 학문에 뜻을 두었으나 그 힘이 실용하지 못하였으니 바라건대 궁벽한 고을이라도 허락해 주신다면 백성을 다스리는 틈을 타서 학술에 힘을 쓰게 되면 백성을 다스리는 일과 학문하는 일 둘 다 온전한 것입니다."

조광조는 외관으로 나가 마음에 있는 이상 국가를 몸소 다스리고 싶어 했지만 중종은 조광조의 청을 허락하지 않았다.

"진정한 충신은 목숨을 빼앗기더라도 임금에게 해서는 안 될 일을 지적하고 언행을 바로잡도록 간언해야 된다. 대사헌에 오른다면 막강한 권력을 쥐고 있는 그릇된 관료들과 제일 먼저 맞서야 하는데, 그것은 너무도 위험한 일이다."

그 당시 권력을 쥐고 있던 공신들은 연산군 대의 고위 관직에 있던 사람들이었다. 사대부들은 그런 공신들에 대한 불만이 많았다.

"연산군 퇴위에 대해서는 어쩔 수 없는 일로 인정하지만

**연자방아**
곡식을 탈곡 또는 제분을 하는 방아. 연자매라고도 한다. 발동기가 없던 옛날 한꺼번에 많은 곡식을 찧거나 밀을 빻을 때 마소의 힘을 이용한 방아다. 둥글고 판판한 돌판 위에 그보다 작고 둥근 돌을 옆으로 세워 얹어, 아래 위가 잘 맞닿도록 하고 마소가 끌고 돌린다.

연산군 대에 군주를 잘못 섬긴 사람들이 모시던 왕을 내쫓고 나서 모든 특권을 당연한 듯 누리는 것은 인정할 수 없다!"

대사헌 자리에 오른다면 그릇된 관료들에 대한 과감한 탄핵을 제일 먼저 해야 할 일이었다.

결국 조광조는 비장한 각오로 대사헌 직책을 맡았다.

"유학의 영수가 되었고, 임금의 신임이 두터우니 이야말로 하늘이 주신 기회다. 내가 요순의 정치를 보이리라"

# 훈구파와 사림파의 대립

대사헌 자리에 오른 조광조는 중종과 함께 본격적인 개혁을 단행하기에 이르렀다.

첫 번째 개혁 작업은 향약의 실시였다.

"성리학적 이상사회, 즉 중국의 하나라·은나라·주나라 삼대에 걸친 이상사회를 민간 속에 건설하는 것이 향약의 목표다! 향약은 지방의 자치를 설정한 민간 규약으로 유학적 도덕관의 실천과 도학적 생활을 몸에 익히도록 하는 데 목적이 있다!"

조광조는 향약을 통해 모든 백성을 성리학적 규범으로 교화시켜 왕도정치의 기반이 되도록 했다.

두 번째 개혁 작업은 천거과(현량과) 도입이었다.

"본래의 과거 제도가 본질적으로 모순으로 인해 학업을 모두 시험기간에만 한정하도록 하는 폐단이 있고, 개개인의 인품과 덕행을 판단할 수 없습니다. 그러므로 과거제를 폐지하고 학문과 덕행이 뛰어난 사람을 천거하는 제도를 통해 인재를 등용해야 할 것입니다."

 조광조는 임금이 정치적 위업을 이루지 못하는 것은 바른 인재를 등용하지 못했기 때문이라고 여겼다. 따라서 과거에 의하지 않고 초야에 묻혀 있는 사람을 특채해야 한다고 주장했다.

 "옛날 중국의 한나라 때에 있었던 현량방정과처럼 각 고을의 수령들이 숨은 인재들을 추천하여 그 추천된 사람을 다시 시험을 치르도록 해야 합니다. 그렇게 하면 이론과 실천력을 갖춘 인재를 두루 얻을 수가 있어서 어진 덕을 바탕으로 한 왕도정치를 이룩할 수 있을 것입니다."

 조광조가 천거과를 내세우자 훈구파의 엄청난 반대가 뒤따랐다.

"조광조가 기성세력의 안주에 혐오감을 품고 있는 데는 그만한 이유가 있을 수 있겠지만 천거과로 인재를 구하게 되면 또 다른 특권층이 등장하게 된다는 것을 왜 모른단 말인가?"

"조광조의 인재 등용 제도 개혁은 정국공신들을 정치 일선에서 내쫓으려는 의도다!"

"조광조의 독주를 막아야 된다!"

그러나 조광조는 뜻을 굽히지 않고 관료들의 격렬한 반대와 당당하게 맞섰다.

"정국공신들이 이끌어 가는 파행적인 정치 구도로는 나라에 새로운 희망을 심을 수가 없다. 또한 훈구세력을 타도하고 유교를 기반으로 하는 이상 국가를 건설하려면 나를 도와줄 인재가 절실하게 필요하다. 천거과 실시는 나라에 새로운 희망을 심으려는 첫 단계다."

조광조는 간혹 이런 공언을 하고는 했다.

"공자 말씀대로 나도 3년이면 묵은 폐단을 척결할 수 있다!"

결국 조광조는 많은 반대를 무릅쓰고 대사헌이 된 지 약 6개월 후인 1519년 4월에 중종의 지원에 힘입어 조선 왕조에서 첫 천거과를 실시했다.

"천거과는 중앙에서는 성균관을 비롯한 삼사와 육조에 천거권을 주고, 지방에서는 유향소에서 천거하여 수령과 관찰사를 거쳐 예조에 전보하도록 한다."

천거 근거로는 성품, 기량, 지능, 학식, 행실과 행적, 지조, 생활 태도와 현실 대응 의식 등 일곱 가지 항목이었다. 그 중에서도 학식과 행실에 가장 큰 비중을 두었다.

"제아무리 뛰어난 실력을 지녔어도 행실이 올바르지 않는다면 반드시 제외시킨다!"

그런 절차를 통해 천거된 사람은 조정에 모여 임금이 참석한 자리에서 시험을 치른 뒤에 선발되었다.

후보자 120명 가운데 천거과를 통해 급제한 사람은 28명인데 경상도 5명, 강원도 1명, 그 외 1명 등 7명을 제외

하고 나머지 21명은 모두 기호지방 출신이었다.

"성리학의 중심으로 성장한 기호지방(경기도, 충청도 황해도) 출신을 스물한 명이나 뽑다니!"

"모두 조광조의 추종자들로 학맥 또는 인맥으로 연결되어 강한 연대의식을 지닌 신진 사림파가 대부분이 아닌가."

"조광조는 너무 성급하게 굴고 있다!"

"임금의 총애를 받을수록 조광조는 더욱 겸손하고 신중해야 하는데 너무 날뛰고 있구나!"

"젊은 혈기로 단시일에 모든 폐단을 없애거나 바꿀 수 있다고 자신하지만, 세상일이 그렇게 만만하단 말인가?"

조광조가 그렇듯 자신감에 차 있었던 것은 조정대신 중 절반이 개혁을 요구하고 있다는 사실이었다.

"나 혼자의 힘으로는 철옹성 같은 제도를 무슨 재주로 바꾼단 말인가. 하지만 조정에는 나 말고도 폐습을 바꾸려 하는 신진세력이 많으니 얼마나 다행스러운 일인가."

하지만 조광조의 반대세력의 대항도 만만찮았다.

위기에 빠진 정국공신들은 불만을 적은 글을 화살에 매어 궁궐에 쏘는 일도 서슴지 않았다.

'조광조가 천거제로 새로운 인재를 뽑아 정국공신들을 제거하고 정권을 차지하려 하고 있으니 마땅히 벌을 내려야 합니다!'

그런 위협에도 조광조는 끝까지 물러서지 않으며 중종에게 훌륭한 인재들을 많이 발굴하여 세종 시대를 다시 되찾아야 된다고 주장했다.

"세종 임금 시대에는 만호와 같은 무관들도 모두 청렴결백을 숭상했던 만큼 선비들의 풍습이 올바르고 정치의 도가 융성했습니다. 세종 시대는 예악 문물이 주나라 때와 비슷할 정도로 도덕적인 사회가 구현되고 있던 시기였습니다. 그 시대를 이룰 수 있었던 것은 황희, 허조, 유관과 같은 훌륭한 재상들이 자신의 사사로움을 돌볼 겨를이 없이 국사에 힘쓰고 대소 신료들이 서로 잘못을 깨우쳐 줌과 동시에 자신에 대한 비판을 겸허하게 받아들일 줄 아는 시대였기 때문입니다. 반면에 성종 임금은 타고난 자질이 뛰어날 뿐만 아니라 선을 좋아하고 선비를 사랑함이 지극했지만, 황희와 허조 같은 훌륭한 재상들의 보필이 없었기 때문에 옛날 제왕의 정치를 돌이키지 못했습니다. 다만 성종 임금은 사림을 융숭하게 배양하였기 때문에 사림을 남김없이 섬멸한 연산의 시대와는 본질적으로 다릅니다. 훌륭한 대신의 유무는 정치의 성패를 좌우할 만큼 제왕의 정치에서 중요합니다."

조광조에게 정치란 임금이 하는 것이 아니라 대신들이 하는 것이었다.

"훈구세력의 저해와 음해 때문에 마침내 연산 시대에 이르러 많은 사람들이 커다란 희생을 치르게 되었고 그 결과 나라가 거의 망하는 지경에까지 이르게 되었습니다. 연산

**북과 길쌈 도구**
북은 베를 짤 때 씨실의 꾸리를 넣고 북바늘로 고정하여 날실의 틈으로 왔다 갔다 하게 하며 씨실을 풀어 주는 구실을 하는 배(舟)처럼 생긴 나무통을 말한다. 여러 가지의 길쌈 도구를 이용하여 베를 만들고 짠다.

때 나라가 망하지 않은 것이 참으로 다행입니다. 다행하게도 조정의 신령 도움으로 종묘사직을 보전하게 되었습니다. 그러나 올바른 선비를 초개처럼 주륙하였기 때문에 조정의 신하들이 앞을 다투어 침묵을 지키고 자신을 보전하는 것을 귀하게 여겼습니다. 이로 말미암아 오직 이익 추구의 근원이 크게 열리게 되어 어찌할 수 없는 지경에 이르고 말았습니다."

조광조는 세종 이후에 차츰 타락해 간 도덕성을 회복하는 정치 분위기를 하루빨리 조성해야 한다고 주장했다.

조광조는 중종 시대야말로 그 어느 때보다 중요하다는 것을 잘 알고 있었다. 아직도 연산 시대의 악습이 강하게 남아 있기 때문이었다.

"지금도 세상에는 공과 이익을 추구하는 마음이 크게 성행하고 있어 소인들은 조금이라도 불만의 뜻이 있으면 곧바로 국가에 난을 일으키고자 합니다. 만일 조정에 조그만 변고가 있다면 그 세력은 반드시 벌 떼같이 일어날 것입니다."

그러나 다른 한편으로 나라 안에 새로운 풍조가 일어나고 있다는 것을 설명했다.

"오늘날에 와서야 봄에 풀이 싹트듯 인심이 비로소 스스로 새로워지게 되었습니다. 전하께서 즉위하신 지 10여 년에 선비의 습성이 점점 교화되어서 지금은 서민들도 역시 예로써 상을 치르는 경우가 있습니다. 그러나 선비들의 기운이 이른 봄에 처음 싹튼 풀과 같아서 만약 약간의 서리만 만나도 반드시 말라죽게 될 것입니다. 선비들의 기운이 점점 진작되고 백성의 추세도 역시 점점 좋아지고 있는 시기이지만 만약 세상의 도가 점점 타락하여 끝내 변화시킬 수 없다면 사람의 도는 마침내 금수로 귀결될 것입니다."

"지금이야말로 의리가 지배하는 사회로 나아가느냐 아니면 이익을 추구하는 사회로 다시 후퇴하느냐 하는 중요한 갈림길에 놓여 있다고 말하는 것이오?"

중종은 조광조의 말을 한 마디도 흘려듣지 않았다.

"예, 그렇습니다. 이익의 추구하는 병통의 원인을 제거하고 의리가 가치 판단의 기준이 되는 도덕적인 사회를 만들어야 합니다."

"그런 사회로 가기 위해서는 어떻게 해야 하는 것이오?"

"전적으로 임금의 마음에 의존해야만 합니다. 임금의 도덕적 완성을 통한 도덕적인 사회의 구현, 그것은 임금을 요순과 같은 성인으로 만듦으로써 가능한 일입니다."

조광조는 군주가 성실하고 올바른 마음으로 정치를 할 때 모든 사람들이 감화를 받게 되고 궁극적으로는 도덕적인 사회, 요순의 시대가 가능해진다고 보았다.

"옛날의 밝은 임금은 온갖 변화가 임금의 마음에 근본하지 않음이 없다는 것을 알아서 그 마음을 바르게 하고 그 도를 펴지 않음이 없었습니다. 그 마음을 바르게 하고 그 도를 폈기 때문에 정치를 함에 인을 얻게 되고 사물을 처리함에 의를 얻게 되어서 모든 일과 모든 사물이 도에서 나오지 않는 것이 없었습니다. 그리고 부자의 윤리와 순리의 구분이 각각 그 이치를 얻게 되고 하늘과 땅의 질서도 또한 귀결되는 바가 있었습니다. 이것이 요·순·우가 중국을 잡은 도입니다."

"임금의 마음이 모든 것의 근본이기 때문에 마음을 바르게 하고 정치를 펴면 인과 의의 덕목, 부자와 군신 사이의

예가 성취되며 나아가 천지도 조화를 이루게 된다는 뜻이로구나."

결국 수양을 통한 도덕적인 사회 실천이 조광조가 생각한 이상사회 성취 방법이었다.

조광조는 사림들이 제기하는 개혁안이 옳기 때문에 훌륭한 인격을 갖춘 요순과 같은 임금이라면 그 개혁안을 마땅히 수용해야 한다는 논리를 폈다.

그러나 뒤집어 생각한다면 훌륭한 인격을 갖춘 임금이라면 당연히 사림의 개혁안을 수용해야 하는 것이고 만약 개혁안이 받아들여지지 않는다면 요순과 같은 성군이 될 수 없다는 것을 뜻하고 있었다.

"그대의 말대로라면 이상사회를 이룩하는 방법은 사회의 구성원인 개인이 각각 수양을 통해 성인이 되는 것으로 귀결되는 것이고, 그것이 불가능할 때에는 정치적 대표자인 임금이 먼저 다른 사람을 깨우침으로써 다른 사람들도 성인이 되는 방법을 택할 수밖에 없다는 뜻이오? 만약 정치적 실천자인 임금이 성인이 아닐 때에는 어떻게 해야 하는 것이오?"

"신하들이 왕을 수양하게 하여 성인이 되게 하는 방법이 있고, 또 다른 하나는 왕이 수양을 하더라도 성인이 될 수 없다고 판단될 경우, 왕을 바꾸어 가능성이 있는 다른 사람으로 대치하는 방법입니다. 전하께서는 수양을 하면 성인이 될 수 있는 능력을 충분히 갖추셨고, 따라서 이상정치의 실현이 가능한 것으로 판단하기에 자치주의 운동을 적극적으로 추진하는 것입니다."

조광조가 경연에서 중종에서 지성껏 학문을 가르친 것도 바로 중종의 수양에 도움이 되게 하려는 목적이었다.

조광조 입장에서 그 이상사회 구현을 성공시키려면 무엇보다 훈구세력을 몰아내는 것이 우선일 수밖에 없었다.

조광조는 수많은 반대를 무릅쓰고 신진 인사를 대거 영입해 자신과 뜻이 맞는 인물 중심으로 정치권의 물갈이를 시도했다.

그 결과 개혁 성향의 젊은 사림들이 대거 정계에 등장해 조광조의 지지기반이 되었다.

김식, 김정, 박상, 김구, 기준 등이 조광조의 지원군이 되었다.

조광조를 중심으로 한 신진세력은 왕에게 도덕적으로 완벽할 것을 요청하고 본격적으로 훈구세력을 몰아내는 상소를 올렸다.

'정국공신 중에는 연산군의 신임을 받았던 사람들이 많은데 연산군이 선정을 이룰 수 없도록 간언하지 못했다면 그것만으로도 큰 죄를 범한 것이 됩니다.'

'연산군의 폭정이 너무 지나쳐서 공신들로서는 퇴위시킬 수밖에 없었다면 후에라도 부끄러워하고 물러나는 겸양의 태도를 보였어야 합니다. 자신들이 섬기던 군주를 죽음으로 내몬 것을 어찌 공로라 할 수 있으며 어떻게 공신의 지위를

**닭 둥우리**
짚으로 만든 공예품이다. 전라도, 경상도에서는 '알까리'라고 부른다. 암탉이 이 안에 들어가 계란을 낳거나, 알을 품기도 한다.

향유할 수 있습니까?'

 조광조는 중종반정으로 인해 학문도 없는 관료가 공신이 되어 요직에 득세한 점을 강조했다.

 "그들은 권좌에 올라 모든 국정을 다스리면서 자신의 이익만을 앞세우고 있습니다. 따라서 이를 바로잡지 않으면 국가 유지가 곤란해질 뿐입니다."

조광조는 훈구세력을 신랄하게 비난하였고, 그 실천 방안을 내놓았다.

"반정공신 1등은 인정할 수 있으나 2, 3등 중 공이 적은 공신은 강등 삭제하고 4등 50여 명은 모두 공 없는 녹을 먹고 있으니 마땅히 공을 삭제해야 합니다."

조광조는 자신을 따르는 신진 사류들과 힘을 합쳐 '위훈삭제'를 강력히 주장하고 나섰다.

조광조가 위훈삭제를 통해 훈작 중 거짓으로 받은 것을 색출해 박탈하자는 주장을 강력하게 펼친 것은 정치세력의 전면적 물갈이를 위한 조치였다.

"박원종, 성희안, 유자광 등 공신의 친인척이나 연줄을 이용해 훈작을 받은 사람들의 토지나 관직을 몰수함으로써 구세력을 제거하고 신진세력 중심으로 정치판을 재편할 수 있다."

중종반정 때 성희안, 박원종 등의 추천으로 확정된 공신은 무려 126명이었다.

그 숫자는 조선의 개국공신인 45명이나 인조반정 때의 공신 53명보다 훨씬 많은 숫자였다.

후에 중종도 공신에 대한 재조사를 명했지만 그래도 70명이 넘었다.

"기성 귀족은 소인배에 불과합니다. 공도 세우지 않고 훈작을 받은 그들의 관직과 토지, 노비, 저택 등을 몰수하도록 해야 합니다."

조광조의 위훈삭제 주장은 귀족계급으로 자리 잡은 반정공신들의 심한 반발과 맞서야 했다.

또한 중종도 기성세력을 소인배로 몰아붙이는 조광조의 주장을 못마땅하게 여겼다.

중종은 반정공신과 훈구대신들의 견제에서 벗어나기 위한 방편으로 조광조를 파격적으로 기용했지만 이제는 사정이 많이 달라져 있었다.

"이제는 왕권이 많이 강화되었다. 더 이상 조광조에게 휘둘릴 만큼 나약한 임금이 될 수는 없다."

중종은 조광조의 위훈삭제 건의만은 단호하게 거절했다.

"이미 정해진 것을 이제 와서 고치는 것은 옳지 않소."

# 위훈삭제로 인한 조광조의 몰락

 위훈삭제 건의는 중종도 별로 달가워하지 않는 문제였다. 만일 위훈삭제가 있을 경우 조정에는 일대 파란이 일어날 수밖에 없었다.

 또한 사림세력이 이길 경우 조정은 완전히 사림파에 의해 장악될 판국이었다. 그것은 중종 자신도 원하는 일이 결코 아니었다.

 "나는 사림, 훈구 어느 쪽도 권력을 독점하는 것을 원하지 않는다."

 중종은 어떻게 해서라도 조광조의 위훈삭제 주청을 받아들이지 않으려고 버텼다.

 그러나 조광조를 비롯한 수많은 사림들은 뜻을 굽히지

**창녕 석빙고(경상남도 창녕군 창녕읍)**
보물 제310호로 조선 시대의 석빙고다. 이 석빙고는 내외 각부 구조가 경주나 안동의 석빙고와 동일한데 그 규모는 약간 작다. 석빙고 남쪽에 석비 1기가 유존하는데, 이 비문에 보면 당시의 현감 신후서 등이 1742년(영조 18) 2월 초하루에 역사를 시작하여 그해 4월에 끝마쳤다고 되어 있다.

않았다.

"이익의 근원이 열리는 것은 국가의 고질병입니다. 만약 이익의 근원을 통렬하게 막지 않으면 사람들의 이욕에 쉽게 빠져 반드시 차마 말할 수 없는 일이 있게 될 것입니다."

"대개 공신을 중하게 여기면 공을 탐하고 이익을 탐해서 왕을 시해하고 나라를 빼앗는 일이 이로 말미암아 일어나게 됩니다. 임금이 만약 나라를 잘 다스리고자 한다면 이익의 근원을 막아야 합니다."

"위훈삭제의 일은 정사의 잘못과 같지 않아 사람마다 다만 이익만이 있는 것을 알고 인의가 있는 것을 알지 못하게 됩니다. 이것으로 풍속을 이루게 되면 장차 이르지 못할 것이 없을 것입니다."

사림은 중종을 압박하며 자신들의 의지대로 밀어붙였고, 중종이 차츰 밀리는 형국이 되어갔다.

"자꾸 파고든다면 반정 자체를 부정하겠구나."

중종은 조광조가 연산군의 학정은 물론이고 세조의 왕위찬탈에 대해서도 비판적이며, 심지어 중종반정의 공신세력에 대해서도 비판적이라는 점이 못마땅했다.

중종은 차츰 조광조로부터 멀어지기 시작했다.

"조광조 일당의 상소라면 지긋지긋하다."

중종은 조광조의 위훈삭제 상소를 어떻게든 피하려고 했다. 하지만 조광조는 한 걸음도 물러나지 않았다.

"반드시 위훈삭제를 결정하셔야 나라가 안정권에 들 수 있습니다. 역사에 현군으로 길이 남을 중대한 정책을 왜 부정하십니까?"

중종은 위훈삭제를 요구하는 대간들과 여러 달을 두고 강력한 논쟁을 펼쳐야 했다.

"또 위훈삭제 상소인가? 이제 그만 좀 하는 것이 옳지 않겠는가?"

조광조 등은 일곱 번이나 상소를 올렸으나 중종은 번번이 거부하였다.

"정 전하께서 이 상소를 받아들이지 않는다면 우리 대간들은 윤허가 떨어질 때까지 등청하지 않겠습니다."

중종이 끝까지 버티자, 대간들은 한꺼번에 사직을 하고 등청하지 않았다.

"그러지 말고 등청해서 대화로 푸는 것이 옳으니 대간들은 즉시 등청하도록 하라."

당황한 중종은 여러 차례에 걸쳐 다시 등청하라고 권유

했다. 하지만 사림은 끝내 복직을 거부하고 나섰다.

"극단적인 행동을 하는 신진 사류들의 행동이 참으로 실망스럽구나. 그동안 조광조를 비롯한 사림파의 주장을 모두 받아들인 것이 잘못이었단 말인가."

중종은 마지못해 3정승 6판서를 불러들여서 그들의 의견을 물었다.

"옳지 못한 방법으로 공신이 된 자들은 마땅히 삭훈되어야 합니다!"

"조광조 등 대간들이 주청하는 것은 공론이니 공론을 받아들여야만 언로가 막히지 않습니다."

영의정, 좌의정, 우위정 등 3정승과 6판서가 모두 조광조의 뜻에 찬동하고 나섰다.

"모두들 조광조의 뜻에 따르고 있구나."

중종은 하는 수 없이 그 주청을 받아들이기로 했다.

"2, 3등 공신 일부와 4등 공신 전부를 삭제하도록 한다!"

위훈삭제로 인해 76명이 훈작을 잃게 되었다. 전 공신의 4분의 3에 해당하는 숫자였다. 비록 조광조 등 사림의 압력에 못이겨 손을 들었지만, 중종의 심기는 편치 못했다.

"한갓 신하가 나라를 이끌어 가는 임금을 능가할 힘을 지녔다면 그것은 반드시 제거해야 될 일이다."

위훈삭제 상소 건으로 중종은 조광조에 대한 불만을 서서히 드러내기 시작했다.

그 뒤 중종은 조광조의 장황한 강의에 싫증을 느끼고 경연 도중에 자리를 박차고 일어나기까지 했다.

중종은 서서히 조광조를 중심으로 한 사림파 세력의 급진적 이상정치 요구와 개혁정책에 염증을 내고 있었던 것이다. 그러나 조광조는 개혁의 고삐를 늦추지 않았다.

"하룻강아지 범 무서운 줄 모른다고 사림파가 너무 득세를 하고 있으니 머잖아 철퇴를 맞을지도 모르겠구나."

"뒤돌아보는 일없이 앞만 보고 달리는 조광조와 사림파의 급진적인 행동은 너무 많은 적을 만들고 있다."

**운주사 불상군(전라남도 화순군 도암면)**
와불로 올라가는 길에 위치한 불상군이다. 운주사 창건에 관한 이야기는 도선이 세웠다는 설과 운주(雲主)가 세웠다는 설, 마고할미가 세웠다는 설 등이 전해지나, 도선이 창건하였다는 이야기가 가장 널리 알려져 있다. 1592년(선조 25) 임진왜란 때 법당과 석불, 석탑이 많이 훼손되어 폐사로 남아 있다가 1918년에 박윤동을 비롯한 16명의 시주로 중건하였다.

"조광조의 비현실적인 상황 인식에서 비롯된 오만한 행동은 무모한 도전에 불과하다는 것을 모른단 말인가?"

강력한 개혁 조치는 조광조의 지지세력들마저도 앞날을 두려워하며 이탈하게 만들 정도였다. 강하게 밀어붙이는 만큼 훈구세력을 중심으로 한 반대세력의 힘을 강고하게 결집시키는 역효과를 낳았던 것이다.

"조광조는 반정공신들을 무식하고 간교한 소인으로 몰

아붙이고 있다!"

"세상은 다 썩었고, 조광조와 사림만이 깨끗하다고 주장하면서 이미 특권과 선민의식에 빠져 있질 않은가."

"조광조의 과격한 개혁은 너무 많은 사람을 공포의 도가니로 몰아넣으면서 불필요한 적을 만들고 있어."

"조광조는 어리석은 착각에 빠져 있어. 자신의 힘이 비축되지 않은 상태라는 것을 전혀 깨닫지 못하고 기득권 세력을 맹렬하게 공격하고 있지 않은가. 개혁의 동기가 아무리 훌륭해도 조광조는 전혀 지혜롭지 못한 사람이야."

상황은 조광조와 사림에게 점점 불리하게 전개되었다.

그러나 조광조는 뭔가 고쳐야 하고 바꿔야 할 일이 있으면 지체 없이 상소를 올리고는 했다.

1515년에는 사헌부와 사간원의 책임자를 파직할 것을 요구하는 상소를 1년 사이에 일곱 차례나 올렸고, 1515년부터 1519년까지의 4년 동안에 개혁 상소를 300번이나 올림으로써 중종을 몹시 피곤하게 만들었다.

"조광조는 3, 4일에 한 번 꼴로 상소를 올리고 있으니 이제 조광조의 상소라면 넌덜머리가 난다! 조광조는 익지 않은 과일과 같은 인물이다. 설령 자신의 주장이 옳다고 해도 시류에 맞춰 적당히 물러섬도 있어야 하거늘 어찌 이 나라 조정을 제 손바닥에 놓고 쥐락펴락하려 든단 말인가."

중종은 조광조를 아끼는 마음은 변함없었지만 그가 개혁 작업의 진행 과정에서 살아남을 수 있는 지혜를 갖추지 못한 것을 안타까워했다.

"조광조는 선의의 야망에 걸맞은 경륜을 갖추지 못했으니 결국 실패한 개혁가로 남고 말 것이다."

조광조의 위훈삭제 요구는 중종을 분노하게 만들었고 반대파들로부터 생사를 건 저항을 받아야 했다.

"왕실이나 정치권에 심어 둔 정치세력을 적극 활용하여 총반격의 기회를 엿보아야 할 것입니다."

"기회를 엿보아 조광조가 왕권까지 넘보는 야심차고 위

험한 인물임을 유포하도록 합시다."

드디어 홍경주, 남곤, 심정 등 훈구파 세력이 힘을 모아 조광조를 없애기로 했다.

"후궁인 경빈 박씨*는 소격서 철폐로 조광조에 대해 마음이 많이 상해 있으니 그분을 찾아가 협조를 구하도록 하지요."

세 사람은 경빈 박씨의 도움을 받기로 했다.

며칠 뒤, 똑같은 글씨가 새겨진 나뭇잎 여러 장이 후원에서 발견되었다. 꿀을 바른 나뭇잎을 벌레들이 갉아먹고 '주초위왕(走肖爲王)'란 글씨를 남긴 것이다. '주(走)'자와 '초(肖)'자를 합치면 '조(趙)'자가 되었고, 그 뜻은 조씨 성을 가진 사람이 왕이 된다는 뜻이었다.

홍경주 등은 나뭇잎을 들고 중종을 찾아갔다.

---

경빈 박씨는 중종의 후궁이다. 친아버지는 박수림, 양아버지는 박원종이다. 연산군 때 궁녀로 궁궐에 들어갔다가 중종의 후궁이 되었다. 1509년(중종 4) 복성군 미(嵋)를 낳아 왕의 총애를 받았다. 1527년 연성위(延城尉) 김희가 그의 부친 김안로의 사주를 받아, 왕세자(후의 인종)를 저주하는 작서(灼鼠)의 변(變)을 조작하자, 이에 연루되어 1528년 복성군과 함께 폐출되었으며, 이어 사사되었다. 후에 억울함이 밝혀져 신원되었다.

"조광조 일파가 당파를 조작하여 조정을 문란케 하고 있으니 탄핵해야 마땅합니다."

중종은 몹시 충격을 받았다.

"조광조의 무리가 반정공신들의 훈작을 삭제하려고 애썼던 것은 내가 왕위에 오른 것까지도 인정하지 않기 때문이다. 또한 천거과를 두었던 것도 처음에는 인재를 얻기 위한 좋은 시책이었으나 조광조는 자신의 세력을 키우기 위한 수작으로 이용했다. 나는 조정에 사림이든 훈구든 어느 한쪽이 득세하는 것을 용서하지 않겠다."

중종은 자신을 왕위에 올린 훈구파를 과격하게 공격하는 조광조 일파의 급진성에 점차 불안감을 느끼고 있었고, 임금은 성인이 되어야 된다는 훈구파의 제약에 염증을 느끼던 중이었다.

"조광조, 심정, 김식, 윤자임 등을 구속하도록 하라!"

중종은 마침내 조광조를 비롯한 개혁정책을 주도하던 신진세력들에 대한 전격적인 체포령을 내렸다.

**고창 읍성 밟기(전라북도 고창군 고창읍)**
조선 시대의 성곽이다. 1965년 4월 1일 사적 제145호로 지정되었다. 왜적의 침입을 막기 위해 쌓은 석성으로, 고창의 방장산을 둘러싸고 있다.

 "왕권에 대한 조광조의 도전에 계속 수세적 입장을 취하지 않겠다!"

 조광조와 사림의 대대적인 체포령은 위훈삭제가 결정된 지 4일 만에 일어난 일이었다.

 "조광조는 불과 4일 앞도 내다보지 못했구나!"

 "제 명을 재촉하느라 왕을 그렇게 몰아붙였던 셈이지."

하지만 조광조는 옥에 갇혀서도 상소를 멈추지 않았다.

'선비가 이 세상에 나서 믿는 것은 임금의 마음뿐입니다. 국가의 병통이 이익의 근원에 있다고 망령되게 생각하였기 때문에 나라의 맥을 새롭게 하여 무궁하도록 하고자 했을 따름이지 다른 뜻은 전혀 없었습니다. 다만 우리 임금께서 지니신 성인의 밝음만을 믿고 어리석은 충정을 다하였습니다. 여러 사람들의 시기를 받으면서도 다만 임금이 계신 것만을 알아 다른 것은 생각하지 않고 우리 임금을 요순과 같은 임금으로 만들고자 하였습니다. 이것이 어찌 일신을 위해 한 일이겠습니까? 하늘의 태양이 밝게 비추고 있습니다. 다른 사특한 마음은 없었습니다.'

죽을지도 모르는 절박한 상황에서 조광조는 회한에 찬 자기의 고백을 적었다.

죽음을 눈앞에 두고서도 이익의 추구라는 병통의 원인을

제거하고 의리가 가치 판단의 기준이 되는 도덕적인 사회를 만들어야 한다는 뜻을 굽히지 않았던 것이다.

조광조는 김정, 김식, 김구와 함께 사사의 명을 받았다. 그러나 영의정으로 있던 정광필의 적극적인 비호로 간신히 목숨을 건지고 전라도 능주로 유배되었다.

그러나 훈구파인 김전, 남곤, 이유청 등이 각각 영의정, 좌의정, 우의정이 되면서 정국이 바뀌고, 1519년 12월 20일, 조광조에 대한 사사 명이 내려지고 말았다.

〈중종실록〉 제37권에는 조광조의 최후에 대해 자세히 기록해 놓았다.

'사사 명을 받고 조광조를 찾아온 것은 의금부도사 유엄이었다. 그곳으로 유배를 온 지 한 달이 지났지만, 조광조는 아직도 중종의 진의를 헤아리지 못한 상태였던 듯하다.

"오해가 발생해 내가 곤경에 빠져 있는 것이 분명하다."

사사의 명을 받들라는 유엄의 말에 조광조는 마당에 꿇어앉아 물었다.

"사사의 명만 있고 사사의 글은 없소이까?"

그러자 유엄은 작은 쪽지를 내보였다.

"내가 명색이 대부의 반열에 있다가 죽게 되었는데 쪽지 한 장이 무엇인가?"

하며 유엄을 올려다보았다.'

그런 상황에 대해 『실록』은 '조광조가 그렇게 한 뜻은 임금은 모르는 일인데 자신을 미워하는 이들이 중간에서 마음대로 만든 일이 아닌가 의심했기 때문'이라고 해설해 놓았다.

사사 명을 받은 조광조는 유엄에게 다시 물었다.

"조정에서는 누가 새롭게 정승이 되었으며 특히 심정은 지금 어느 벼슬에 있는가?"

중종이 조광조의 사사 명을 내린 다음날인 12월 17일, 끝까지 조광조를 지키려 애썼던 영의정 정광필은 중추부

연사로 좌천당했고, 그와 대립했던 남곤이 좌의정으로서 실권을 장악했다. 또한 심정은 이조판서에 올랐다.

조광조를 미워했던 사람들이 모두 요직을 차지했다는 것을 알게 된 조광조는 그때서야 고개를 끄덕였다.

"그렇다면 내 죽음은 틀림없소이다."

조광조는 유엄에게 최후의 부탁을 했다.

"오늘 안으로만 죽으면 되는 것 아니겠소? 내가 집에 보내야 할 글도 있고 몇 가지 조처해야 할 것이 있으니 잠깐 방에 들어가도 좋겠소?"

조광조는 방으로 들어와 붓을 들었다.

임금 사랑하기를 아버지 사랑하듯 하였고,
나라 걱정하기를 집안 근심처럼 하였다.
밝은 해 아래 세상을 굽어보사,
내 단심과 충정 밝디 밝게 비춰주소서.

**장전계곡(강원도 평창군)**
평창군과 정선군에 걸쳐 있는 가리왕산의 서북쪽에서 발원해 오대천으로 합류하는 계곡이다. 하폭은 좁고 깊이는 6m 이상으로 깊은 소계곡이며, 물이 맑아 1급수에만 서식하는 열목어가 서식하고 있다. 기암괴석과 이끼 낀 계곡의 풍경으로 유명하다.

억울함이 짙게 배어 있는 조광조의 절명시였다.

조광조는 그동안 자신을 돌봐줬던 사람에게 당부했다.

"먼 길 가기 어려우니 내 관은 얇게 만들라."

그리고 독을 탄 술을 마시고 세상을 떠났다.

그렇게 조광조는 유배지 능주에서 한때는 자신을 절대적으로 신임했던 중종이 내린 사약을 받고 개혁에 앞장선 지 4년 만에 숨을 거두었다.

그때 나이 38세였다.

"조광조야말로 나라와 백성을 위해 태어난 사람인데, 그렇듯 허무하게 죽고 말다니!"

"하늘이 조선을 위해 보내 준 사람인데, 어찌 그리 쉽게 제거될 수 있단 말인가."

"조금만 더 기회를 주었다면 이 나라를 훨씬 살기 좋은 나라로 만들 수 있었을 텐데."

조광조의 죽음은 온 나라에 슬픔을 안겨 주었다.

조광조를 끝까지 보호하려 애썼던 정광필은 물론이고 조

광조 축출에 앞장섰던 남곤*까지 안타까워했다.

조광조의 숙청은 한 개인의 죽음만을 뜻하는 것이 아니었다. 그의 개혁노선을 지지하고 실천에 옮겼던 많은 선비들이 죽임을 당하거나 귀양 가는 등 큰 화를 불러일으켰다. 그것이 조선의 4대 사화 중 세 번째인 기묘사화다.

기묘사화의 비극은 왕권에 대한 견제장치로 성리학의 이념을 들고 등장했던 조광조가 패배한 것으로 해석할 수 있다. 기묘사화는 비록 정치적으로 패배한 것이 분명할 수 있으나 조광조는 오히려 역사의 승리자로 남았다.

16세기 이후 조광조의 사상, 학문을 계승한 사림세력이 역사의 전면에 등장했고, 조선 중기를 대표하는 이황, 조식, 이이 같은 학자는 한결같이 조광조를 높이 평가했다.

하지만 조광조의 개혁정치에 대해 무조건 긍정적인 것은 아니다. 조광조의 사림파 학풍을 계승한 이황조차도 『언행

---

남곤은 당시 최고의 문장가로 평가받았고, 조광조를 모함하여 축출한 뒤에 좌의정, 영의정에 올랐다. 그러나 스스로 지은 죄를 알고 죽을 때는 자신의 글을 모두 불살라 버렸는데 유독 유자광의 전기만은 남겨 두어 후세 사람들에게 간신의 심리 상태를 알리고자 했다.

**모심은 논**
『삼국사기』에는 '남쪽 늪지대에 도전을 만들기 시작하였다'라는 기록이 있다. 벼는 인도를 중심으로 서쪽으로 육로를 따라 이란 지역을 거쳐 카프카스 지역에 전해졌고, 육로 또는 수로를 통해 중국, 필리핀, 한국, 일본 등지로 도입된 것으로 알려져 있다.

록』에서 조광조를 냉정하게 평가했다.

'조광조는 천품이 대단히 높았으나 학력은 깊은 경지에 이르지 못한 것 같다. 그가 소격서를 없애자고 논한 일만 보더라도 가히 엿볼 수 있다. 군신 간의 의리가 어찌 그럴 수 있으리오. 이것은 조광조의 지나친 면이라 할 것이다. 임금을 요순처럼 받들고 백성에게 요순의 덕택을 입히려는 것은 군자의 뜻이기는 하나 당시의 사세와 역량을 헤아리지 않고 할 수 있겠는가? 기묘년의 실패는 바로 여기에 기인한 것이다.'

이황은 조광조가 일의 앞뒤를 분간하지 못하고 무리하게 개혁정책을 추진했던 점과 정치적 타협을 이루지 못한 점을 실패 원인으로 지적했던 것이다.

이이도 『석담일기』에서 조광조가 학문이 무르익기 전에 정치 일선에 나가 좌초한 것을 안타까워했다.

'옛사람은 학문이 이루어지는 것을 기다려 도를 행하기를 구했고, 도를 행하는 요체는 무엇보다 임금의 마음을 바로잡는 데 있다. 조광조는 안타깝게도 현철한 자질과 경세제민의 재능을 지녔으나 학문이 이루어지기 전에 너무 급하게 요직에 올랐다. 위로는 임금의 마음을 바로잡지 못하고, 아래로는 권문세가의 비방을 막지 못해 충성만을 바치려 하자

참소하는 일들이 벌어졌다. 몸이 죽고 나라가 어지러워지자 뒷사람들이 이를 경계하여 감히 바른 정치를 해보지 못하게 만들었다.'

이이도 조광조로 인해 성리학이 숭상되고 왕도를 중히 여기는 기풍이 진작된 것은 높이 평가했지만 이황과 마찬가지로 조광조가 추진한 일련의 급진적 개혁은 학문이 무르익지 않은 상태에서 추진되었다고 비판했다.

능주에 유배되었다가 사사되었던 조광조는 후일 사림파의 승리에 따라 선조 초에 신원되어 영의정에 추증되고, 문묘에 종사되었으며, 전국에 많은 서원과 사당에 제향되었다.

조광조는 훈구파의 반격으로 죽임을 당하고, 개혁은 한때 모두 실패로 돌아갔으나 그의 이념과 정책은 후대 선비들의 학문과 정치에 중요한 지침이 되었다.

조선 후기까지의 모든 사족(선비나 무인 집안)은 정당과 파벌을 초월하여 '조광조가 정몽주·길재·김숙자·김종직·김굉필로 이어져 내려온 사림파 도통(도학을 전하는 계통)의 정맥을 후대에 이어 준 인물'이라는 점에 합의하고 추앙했다. 그것은 조광조가 학문의 전수만이 아니라 목숨을 걸고 이상을 현실정치에 실행하려 한 노력에 대한 존경의 뜻이었다.

## '역사를 바꾼 인물·인물을 키운 역사' 기획 의도

　성장기 어린이부터 청소년까지 역사는 떼려야 뗄 수가 없는 공부다. 다른 나라 역사보다 우리나라 역사를 더 알아야 한다는 것도 분명한 사실이다. 역사를 이끌고 가는 것은 인물이다. 역사를 이로운 길로 이끈 인물이건 나쁜 길로 이끈 인물이건 역사에서 인물이란 빼놓을 수 없는 존재다. 한 인물로 인해 역사의 흐름이 바뀌는 경우도 많고, 역사로 인해 한 인물이 탄생하는 경우도 많다. 그만큼 역사를 제대로 알려면 그 시대의 중요한 인물을 알아야 하고, 인물을 통해 역사를 읽을 수 있는 안목을 키워야 한다.

　인물 이야기는 이야기 속에 그 사람 삶의 모습이 진솔하게 담겨 있어야 할 뿐만 아니라, 인간으로서의 고뇌와 절망을 극복해 나가는 모습도 모두 함께 담겨 있어야 한다. 또 그 사람의 행동은 당시 사회 상황에서 규정되기 때문에 당시의 상황 속에서 그 인물을 관찰할 수 있어야 한다.

　'역사를 바꾼 인물·인물을 키운 역사'는 어린이는 물론이고 청소년, 그리고 일반인들까지 부담 없이 읽고 폭넓게 공감할 수 있는 내용으로 엮는 것을 최우선 방향으로 잡았다.

　인물 이야기는 백과사전이 아니다. 한 사람을 역사 속에서 바라보는 것이다. 제대로 쓰인 인물 이야기가 아니면 의미가 없다. 시대와

장소를 초월해서 하늘이 내린 인물이나 신적인 존재로 그려진 그런 인물 이야기가 아니라, 인간적인 냄새가 물씬 풍기는, 제대로 쓰인 인물 이야기가 필요할 때다.

역사는 결코 지난날의 이야기가 아니다. 현재는 물론이고 미래에도 언제든지 새롭게 발견되고 새롭게 해석될 가능성이 많다. 특히 우리의 역사는 오랜 세월 동안 왜곡되고 사라진 부분이 많은 만큼 연구할 부분이 많을 수밖에 없다.

또한 우리 역사의 국통을 아는 것은 단순히 과거를 아는 것이 아니다. 우리 민족이 섬겨 왔던 조물주의 창조 섭리, 인간이 어떻게 태어나고 어떻게 봄·여름·가을·겨울을 살아왔느냐 하는 삶의 과정과 역사의 깊은 섭리를 아는 것이다.

그러자면 여러 가지 학설과 주장을 두루 듣고 연구해서 진실에 가까운 역사를 찾아내는 것이 무엇보다 중요하다. 또한 한 인물을 제대로 이해하려면 무엇보다 그 시대의 역사를 제대로 이해해야 하고, 역사를 이해하려면 그 시대를 움직인 인물을 제대로 이해하려는 노력이 필요하다.

**참조문헌** 두산동아백과사전 / 위키백과사전 / 조선왕조실록
태종 조선의 길을 열다〈해냄〉 / 조선왕조실록〈웅진지식하우스〉
세종 조선의 표준을 세우다〈해냄〉 / 세종대왕실록〈웅진지식하우스〉
성종 조선의 태평을 누리다〈해냄〉

## 동굴 속의 거인국
### -조광조-

| | |
|---|---|
| **초판 1쇄 발행** | 2010년 8월 31일 |
| **글** | 역사·인물 편찬 위원회 |
| **펴낸이** | 이영애 |
| **디자인** | 장원석·김재영 |
| **책임 교열** | 이소현 |
| **표지 그림** | 박경민 |
| **사진 협조** | 이수용(수문출판사) / 경상북도청 / 경상남도청 / 충청남도청<br>충청북도청 / 경주시청 / 위키백과 / 오픈애즈 |
| **펴낸곳** | 역사디딤돌 |
| **출판등록** | 2009년 3월 23일 제312-2009-000020 |
| **주소** | 서울특별시 종로구 당주동 168번지 당주 빌딩 4층 |
| **전화** | (070)7690-2292 |
| **팩스** | (02)6280-2292 |
| **E-mail** | 123pen@naver.com |
| **ISBN** | 978-89-93930-41-2<br>978-89-962557-9-6(세트) |

잘못된 책은 서점에서 교환해 드립니다. 저자와 협약에 의해 인지는 생략합니다.
신저작권법에 의하여 보호를 받는 저작물이므로 무단 전재와 복제를 금합니다.